آنکھ بھر آسمان

یاور ماجد

https://www.ghazalsara.org/

Aankh Bhar Aasmaan - International Edition Paperback

Poet .... **Yawar Maajed**
Title Cover: .... **Munazza Maajed**
Published By: .... GhazalSara.Org
ISBN: 978-1-957756-05-9
Publish Date:......... May 2022
Copyrights:............ Yawar Maajed

Printed and bound in The United States of America

جملہ حقوق محفوظ ہیں

اس کتــاب کا کوئــی بھــی حصــہ شــاعر کــی پیشــگی اجــازت کــے بغیــر کســی بھــی وضــع یا جلــد میــں گُلّــی یا جزوی، منتخب یا مکرر اشاعت یا بصورت ریکارڈنــگ، الیکٹرانــک، مکینیــکل یا ویــب ســائٹ پــر اســتعمال نــہ کیــا جائــے۔

آنکھ بھر آسمان ۔ انٹرنیشنل ایڈیشن	نام کتاب
مئی 2022	اشاعت
یاور ماجد	شاعر
غزل سرا ڈاٹ آرگ ۔ یو ایس اے	ناشر
منزہ ماجد	سرِ ورق
978-1-957756-05-9	آئی ایس بی این

Retail Price

United States .... $ 14.99
United Kingdom.................... £ 13.99
European Union.................... € 14.99
Canada............................... $ 21.99
Australia.............................. $ 19.99
Global .... $ 16.99

فہرست

میں شاعری کیوں کرتا ہوں؟

ندی بہتی ہے تو اتنے مدھر گیت کیوں گاتی ہے؟ بہاریں پژمردہ زمین کو زندگی بانٹتے ہوئے سرخیاں کیوں
پرونے لگ جاتی ہیں؟ برگد کے درخت بادِ صبا کے بوسے پاتے ہی لہلہانے کیوں لگتے ہیں؟ دریاؤں کو ایسی
کیا دھن پڑی ہے کہ اتنی تیزی سے سمندر کی طرف بھاگتے ہوئے خوبصورت ترانے گاتے چلے جاتے ہیں؟
زندگی کی خاموشیاں بڑھ جائیں تو چلتی ہوا نے سنانے کیوں لگتی ہے؟ بادل برستے ہیں تو دھرتی کے سینے
سے میٹھی میٹھی خوشبو کیوں نکلنے لگتی ہے، سورج صبح دم جلوہ دینے سے پہلے اور شام کے الوداعی لمحات کے

بعد آسمان میں اتنے خوبصورت رنگ کیوں بھرتا ہے، بادل سورج کی کرنوں سے کیوں کھیلتے ہیں؟ ..... ۔ میں جب بھی اداس ہوتا ہوں تو قلم کیوں اٹھالیتا ہوں؟

سورج کی روشنی بارش کے کروڑوں قطروں پر پڑتی ہے اور وہ اس کو منعکس کر ڈالتے ہیں، لیکن ان میں سے کوئی ایک ہی قطرہ ایسا ہوتا ہے جو روشنی کے باطن سے پیارے پیارے رنگوں کو خوبصورتی سے قوسِ قزح کی شکل دے دیتا ہے، شاید میں اپنے آپ کو وہی قطرہ سمجھتا ہوں جو گزرتے لمحات کو، اور اپنے ساتھ پیش آنے والے حالات کو اُچٹتی نظر سے دیکھنے کی صلاحیت ہی نہیں رکھتا، جب تک میں روشنی کی کرن کو چیر کر نہ رکھ دوں، مجھے اپنے اندر کچھ کمی کا سا احساس رہتا ہے۔ لفظوں کی حیثیت میرے لیے وہی ہے جو پانی کی ندی کے لیے ہے، سرخیوں کی بہاروں کے لیے، بادِ صبا کے بوسوں کی برگد کے لیے، گونجتے نوحوں کی زندگی کی خاموشیوں کے لیے، زمین کی بھینی بھینی خوشبو کی بارش کے لیے اور افق اور شفق کے رنگوں کی ابھرتے اور ڈوبتے سورج کے لیے۔

احساس کی شدت کی ڈوریوں سے بنا ہوا الباس میری خلعت ہے اور مجھے اس پر فخر ہے۔ میں اپنے آپ کو قدرت کے ودیعت کردہ ترنم کا امانت دار سمجھتا ہوں اور زمانے کو وہی کچھ لوٹانے کی سعی میں مصروف ہوں جو صبح کے وقت پرندے اپنے نغموں سے لوٹاتے ہیں۔ ایک رنگ ہے، ایک ترنگ ہے، ایک توازن ہے جو اس زندگی کے حسن اور بدصورتی نے صدیوں سے بہر طور قائم کر رکھا ہے، میں اپنے آپ کو اور اپنی تخلیقات کو اسی توازن کے تسلسل کا ایک انتہائی معمولی سا نقش سمجھتا ہوں۔

کیا پھول اس لیے کھلتا ہے کہ اس کی خوشبو ساری دنیا کو معطّر کر دے، کیا بارش اس لیے ہوتی ہے کہ اپنی چھن چھن اور جھن جھن سے تمام ارواحِ عالم کو تھرکنے پر مجبور کر دے؟ کیا جگنو اس لیے اڑتے جھلملاتا ہے کہ ساری کائنات کے اندھیروں کو ختم کر ڈالے، کیا قوسِ قزح تمام کائنات کو اپنے رنگوں سے بھرنے کے لیے بارش کے قطروں کے بطن سے نمودار ہو جاتی ہے؟ نہیں۔ یقیناً نہیں، لیکن کسی ایک پھول کا کھلنا دنیا کے ایک بہت ہی حقیر حصے کو تو ضرور معطّر کرتا ہے، ایک بارش تمام صحراؤں کی پیاس کہاں بجھا سکتی ہے، لیکن اس کائنات کے ایک بے انتہا چھوٹے سے حصے کو تو نئی زندگی بخشتی ہے، ایک جگنو کی ہلکی

سی جھلملاہٹ کائنات بھر کے اندھیروں کا منہ چڑانے کے لیے کیا کم ہے؟ قوسِ قزح کی چند لمحوں کی زندگی کتنی ہی بے رنگ آنکھوں کو اپنے حسن کا دان دے جاتی ہے، چاہے باقی تمام کائنات بے رنگی کی کیفیت میں نوحہ خوانی میں مصروف رہے۔ میرے شعر اور میری نظمیں چاہے میری خود کلامی ہی کیوں نہ کہلائیں، زندگی کے وسیع تر تناظر میں کسی بھی طور سے پھول کی خوشبو، جگنو کی روشنی، بارش کی چھم چھم یا قوسِ قزح کے رنگوں بھرے منظر سے کم نہیں۔

کبھی سوچتا ہوں کہ اس دنیا میں کتنی آنکھیں ہوں گی جو ڈوبتے سورج کو دیکھ کر میری آنکھوں ہی کی طرح نم ہو جاتی ہوں گی، کتنی سماعتیں ہوں گی جو بادلوں کی کڑک کو سن کر یا چلتی ہوا سے ٹوٹتے ہوئے سکوت کو سن کر میری سماعت ہی کی طرح بے چین ہو جاتی ہوں گی، کتنے لب ہوں گے جو برستی بوندوں کی ٹھنڈ کو محسوس کرتے ہی میرے لبوں کی طرح سلگ اٹھتے ہوں گے، کتنے دل ہوں گے جو کسی درخت پر ایک معصوم پرندے کو دیکھ کر مچل اٹھتے ہوں گے۔ کتنی روحیں ہوں گی جو اپنی اداسی کی چادر اوڑھے میری ہی طرح خوشیوں سے بھاگتی پھر رہی ہوں گی۔

مجھے علم نہیں کہ میری زندگی کی متاعِ کُل پڑھتے ہوئے آپ پر کیا بیتے گی، ان سادہ لفظوں کے پیچھے کہیں انتہائے محبت سے سرشار زندگی کی کپتی ملے گی تو کہیں نفرتوں میں ڈوبی ہوئی ٹوٹتی سانسیں، کہیں اپنی کم مائیگی کا ماتم کرتا ہوا وجدان، تو کہیں اپنی اونچی اڑانوں پر فخر کرتا ہوا ایک پرندہ، کہیں اپنے بڑھاپے کے نوحے سناتا ہوا ایک چھوٹا سا بچہ، تو کہیں بچوں سی معصوم خواہشوں کا اظہار کرتا ہوا ایک بوڑھا، کہیں نہ ختم ہوتے ہوئے دائروں کی رسی پر توازن سے چلتا ہوا ایک بازیگر۔ تو کہیں گرتا سنبھلتا ایک شعلہ جو کسی بھی لمحے بجھنے کے ڈر سے کبھی زمین کو سجدہ کرتا ہے تو کبھی فلک کی طرف گلے گلے بھری نگاہوں سے دیکھتا ہے۔

کہیں کسی ناکردہ جرم کی سزا بھگتتا ہوا ایک قیدی، تو کہیں ایک آزاد ہرن جو زندگی کی خوبصورت وادیوں میں چوکڑیاں بھرتا ہی چلا جاتا ہے۔ کہیں خود سوزی کے نشے میں ڈوبا ہوا ایک نیم جان جسم۔ کہیں فطرت کو اپنی محبوبہ سمجھ کر اس کے عشق میں مبتلا ایک پاگل دیوانہ تو کہیں آنسوؤں سے بھری آنکھیں لیے ہوئے منظروں کی دھندلاہٹ کا شکوہ کرنے والا ایک شخص۔

دیوانگی کی ایسی ہی دھند میں لپٹا ہوا وہ حساس شخص بھی شاید نظر آئے جو معاشرے میں ہونے والی ناانصافیوں

پر تڑپ اٹھتا ہے، معاشرتی مساوات کی عدم موجودگی پر کراہتا ہے، ظلم اور ناانصافی سے بھرے ملک سے نکل کر ایک ترقی یافتہ معاشرے کا شہری ہونے کے ناطے اپنے وطن کا درد دل میں لیے کڑھتا ہے اور ان مسائل پر انتہائی دھیمے انداز میں تبصرہ نگاری بھی کرتا ہے۔ ہیجان بھرے معاشرے میں بیٹھے ان شاطر لوگوں سے، کبھی براہِ راست اور کبھی بالواسطہ مکالمہ بھی کرتا ہے اور ان کو آئینے میں ان کا اصل مکروہ چہرہ بھی دکھاتا ہے۔

اگر میری نظمیں اور غزلیں پڑھتے ہوئے آپ کو اپنے دل کی آواز لگیں تو اس کو میں اپنی کامیابی سمجھوں گا۔

یاور ماجد

۲۰۱۲

پھر گلہ کیا کریں مقدر سے

والدِ محترم جناب ماجد صدیقی کی نذر

۱۸ اپریل ۲۰۱۵

گو کہ بادل تو ٹوٹ کر برسے
ہم مگر ترسے، ۔۔۔ اور ہم ترسے

ہم غریبوں کی کون تیاری؟
وا کیا در، نکل پڑے گھر سے

کچھ تحرک تو ہو فضاؤں میں
ہو صبا سے بھلے، ہو صَرصَر سے

ہم لڑھکتے چلے گئے پھر تو
کھائی ٹھوکر جو ایک پتھر سے

کیسے کیسے پہاڑ کاٹ دیے
اور وہ بھی اس ایک پیکر سے

ایک سورج فلک پہ ہوتا تھا
کیوں حذف ہو گیا وہ منظر سے

اپنا تقدیر پر یقیں ہی نہیں
پھر گلہ کیا کریں مقدر سے

اپنے مرکز کو ڈھونڈنے کے لیے
چھن گئے دائرے ہی محور سے

طے کیا تھا سفر جو ماجدؔ نے
کیا کبھی ہو سکے گا یاور سے

بجھ جائے گا کچھ پل میں، ہوا تیز بہت ہے

والدِ محترم جناب ماجد صدیقی کی نذر

۱۴ اکتوبر ۲۰۱۶

شعلہ جو ہے اس دل میں چھپا، تیز بہت ہے
بجھ جائے گا کچھ پل میں، ہوا تیز بہت ہے

اک تیری جھلک یاد کے درسے ہے در آئی
اک درد مرے دل میں اُٹھا تیز بہت ہے

چپکے سے بس اک سسکی ہی لی ہے مرے دل نے
کیوں گونجتی کانوں میں صدا تیز بہت ہے

اب راکھ تلک ڈھونڈے سی ملتی نہیں اس کی
اک جسم تری لو میں جلا تیز بہت ہے

پھر ٹوٹ گئے، گم ہوئے سب محور و مرکز
کیا کرتے کہ گردش کی بلا تیز بہت ہے

جس زہر نے کر ڈالا گگن نیلا سحر تک
وہ زہر مرے خوں میں گھُلا تیز بہت ہے

ایک ہی نظم عمر بھر لکھی

۸ دسمبر ۲۰۰۸

خود قلم بن کے، ٹوٹ کر لکھی

ایک ہی نظم عمر بھر لکھی

اس نے قسمت میں کب سحر لکھی

لکھ بھی دی گر، تو مختصر لکھی

لکھی تقدیر میری بے اعراب
اور نقطے بھی چھوڑ کر لکھی

میرے قرطاسِ عمر پر اُس نے
ہر کٹھن رہ، سفر سفر لکھی

کیا وہ مانیں گے داستاں تیری؟
دوسرے رُخ سے مَیں نے گر لکھی

دیکھنا تو کرن نے سورج کی
بہتے پانی پہ کیا خبر لکھی

مُصحفِ شب پہ ایک دن یاور
پڑھ ہی لوں گا کبھی سحر لکھی

زورِ قلم جو ہوتا، برابر تراشتے

۵ مئی ۲۰۰۹

زورِ قلم جو ہوتا، برابر تراشتے
شعروں میں اُس کا پھول سا پیکر تراشتے

محوِ سفر رہے ہیں قدم اور قلم سدا
رُک پاتے گر کہیں تو کوئی گھر تراشتے

گر قیدِ شش جہات پہ ہوتا کچھ اختیار
روزن کوئی بناتے کوئی دَر تراشتے

پَرکارِ فن سے دائرے کھینچا کیے ہزار
نِروان پاتے گر کبھی محور تراشتے

سیپی میں دِل کی تم جو اگر ٹھیرتے کبھی
ہم تیشۂ خیال سے گوہر تراشتے

ہاتھوں کی کونپلوں سے کٹھن روزگار کے
عمریں گزر گئیں مجھے پتھر تراشتے

ناخن کی نوک سے فلکِ روسیاہ پر
ہم چودھویں کے چاند کا منظر تراشتے

اس بار بھی بنی وہی مبہم سی شکل پھر
اس بُت کو اب کی بار تو بہتر تراشتے

بوجھ

۱٦ جون ۲۰۰۰

یہ میں ہوں

پاتال میں گڑا ہوں

وہ تُو ہے

ہر دم فلک کی جانب رواں دواں ہے

---

1 The Responsibility Burden by Dragos Bruma.

https://tinyurl.com/3fa8unpk

یہ میں ہوں

جس نے تجھے نکھارا

تجھے سنوارا

ترے لیے سب نشیلی راتوں کی نیند چھوڑی

ترے لیے سارے خواب چھوڑے

وہ خواب جن میں

تمام دنیا کی روشنی تھی

ہر ایک جنت کی تازگی تھی

بہار جن میں رچی بسی تھی

یہ میری آنکھیں

یہ زرد آنکھیں

یہ آنکھیں جن میں

ہزار راتوں کی تیرگی ہے

یہ میں ہوں

تیرے عظیم دولت سرا کو

اپنے مہین کندھوں پہ جانے کب سے لیے کھڑا ہوں

یہ میں

جو پاتال میں گڑا ہوں

فلک سے مہر بھی کھو جائے، ماہ بھی نہ رہے

۲۵ نومبر ۲۰۱۱

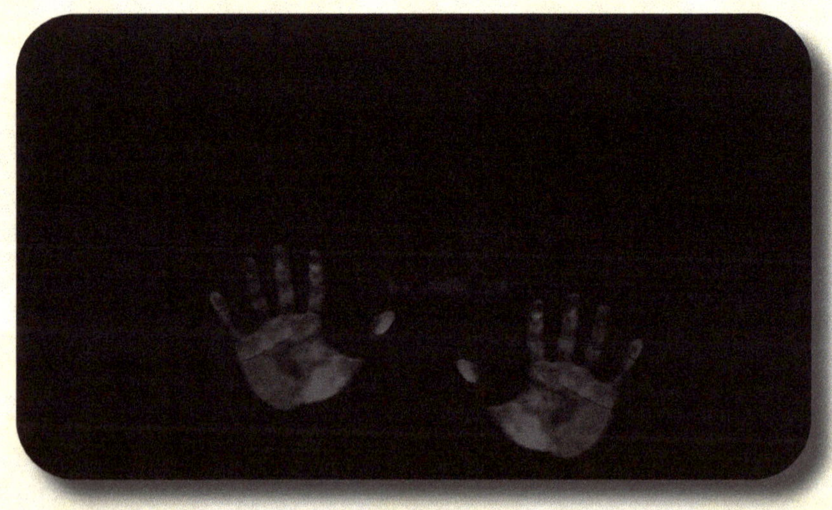

فلک سے مہر بھی کھو جائے، ماہ بھی نہ رہے
تو ہر گھڑی کا یہ دکھ گاہ گاہ بھی نہ رہے

ثواب بھی نہ رہے، گر گناہ بھی نہ رہے
ہمیں تمہاری تو کیا، اپنی چاہ بھی نہ رہے

شبِ سیاہ سے کہنا کہ دن میں ڈھل جائے
شبِ سیاہ سے کہنا سیاہ بھی نہ رہے

ملے وہ دشمنِ جاں جس سے دشمنی بھی نہ ہو
ملے وہ دوست کہ جس سے نباہ بھی نہ رہے

مکینِ دل وہ مری جستجو ہی جب نہ رہی
تو دل کے طاق پہ رکھی نگاہ بھی نہ رہے

ازل نہ ہوتا تو کیسا ابد، کہاں کا ابد!
مرے ابد کو ازل کی پناہ بھی نہ رہے

نہ پورا چاند گھٹ جائے، اسی لمحے! ابھی تھم جا

۲ اگست ۲۰۱۳

نہ پورا چاند گھٹ جائے، اسی لمحے! ابھی تھم جا
کہاں جاتی ہے اس رفتار سے، اے روشنی! تھم جا

عذابِ جاں بنی ہے تیری ٹک ٹک اے گھڑی! تھم جا
مرے حلقوم پر چلتی ہوئی میٹھی چھری! تھم جا

مجھے کچھ سانس لینے دے، مجھے کچھ سانس لینے دے
مری آوارگی تھم جا! مری آوارگی تھم جا

کسی دریا سے ہو کر بحر میں مٹ جائے گی آخر
اسی وادی میں بہتی رہ، اری پیاری ندی! تھم جا

امر کرنے کو ہے دیکھو کرن کو بوند پانی کی
یہ لمحہ پھر نہیں آنا، یہیں پر روشنی! تھم جا

اسی امید پر چلتا رہا انجان رستوں پر
کوئی مجھ کو پکارے گا کہ تھم جا۔۔ اجنبی، تھم جا

یہ گردش شش جہت کی تو کبھی تھمتی نہیں یاآور
تو پھر اے گردشِ دوراں ذرا تو ہی کبھی تھم جا!

قد غن لگی ہے سوچ پہ اور لَب سلے ہوئے

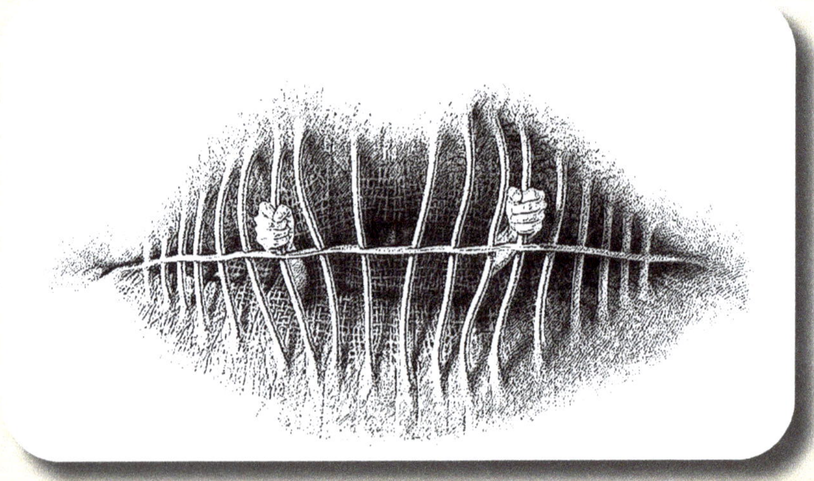

قد غن لگی ہے سوچ پہ اور لَب سلے ہوئے
اور چاک تک قفس کے مرے سَب سلے ہوئے

نکلا ہوں کتنے زعم سے دُنیا کے سامنے
پہنے ہوئے یہ چیتھڑے بے ڈھب سلے ہوئے

صدیوں کی گھاٹیوں میں یہ لمحوں کی مشعلیں
گہرے فلک پہ اختر و کوکب سلے ہوئے

مشکل کہاں ہے میرے سوالوں کو بوجھنا
سادہ ہیں ان حروف میں مطلب سلے ہوئے

آنکھوں میں سُرخ ڈوریاں عمروں سے ساتھ تھیں
اس دِل کے زخم پھر بھی رہے کب سلے ہوئے

جُوں جُوں چمن میں سُرخی پروتی گئی بہار
کھلتے گئے ہیں گھاؤ مرے سب سلے ہوئے

ایسا بیاں کا زور کیا تھا اگر عطا
کیوں ہونٹ دے دیئے مجھے یا رب سلے ہوئے

ہوئی ہے زرد سی دیکھو زمیں، مری ہی طرح

۱۳ اگست ۲۰۰۹

ہوئی ہے زرد سی دیکھو زمیں، مری ہی طرح

ذرا سی خشک ہے، بنجر نہیں، مری ہی طرح

نسیم صبح کے جھونکوں میں جھومتا برگد

یہ کہہ رہا ہے کہو آفریں مری ہی طرح

اسے بھی اپنے درُوں کا کبھی تو گیان ملے
یہ آئنہ ہو اگر شعلہ بیں مری ہی طرح

بھنور میں ڈوب نہ جانا کہیں گمانوں کے
چلے ہو تم سوئے بحرِ یقیں مری ہی طرح

اسے بھی شام نے آنچل میں اپنے ڈھانپ لیا
یہ دن بھی دیکھو ہوا احمریں، مری ہی طرح

افق بھی رات کی آمد کے خوف سے یاآور
پٹخ رہا ہے زمیں پر جبیں، مری ہی طرح

ہمیں مجرم نہیں کہنا

۲۰ جولائی ۱۹۹۳ء

وہی ہیں فاصلے اور قافلے پھر بھی رواں ہیں

انہی میں گم کہیں لمحوں کے، برسوں اور صدیوں کے گماں ہیں

یہ ہم جو ایک بوسیدہ عمارت کے کھنڈر سے پھول چننے جا رہے تھے

ہمارا خواب تھا!

ہم دہر کو خوشبو سے بھرنا چاہتے تھے!

مگر ہم ہڈیوں کی راکھ لے آئے

یہ ہم جو خواب کے دریا سے اِک جھرنا.....

بس اِک چھوٹا سا جھرنا چاہتے تھے

جو ہمارے دشت کی بے آب مٹی کو ذرا نم آشنا کر دے

مگر جانے کہاں سے لُو کا ہم طوفان لے آئے

کبھی بھی ہم نے لمبے فاصلوں سے سرخیاں دیکھیں

تو ہم اس سمت کو لپکے

مگر رستوں کے پیچ و خم میں ہی اتنا سمے بیتا

کہ ہم چہرے پہ زردی اور پیلاہٹ لپیٹے لوٹ آئے

وہی ہیں فاصلے قدموں کے منزل سے

وہی ہے راکھ چہرے پر،

وہی لُو کے تھپیڑے ہیں

وہی زردی میں لپٹی نیم وا آنکھیں

شکستہ دِل میں تھوڑا اور جی لینے کی خواہش بھی

مگر عمرِ معین کی بچی پونجی تو بس چند ایک لمحے ہے

یہ سچ ہے ہم کبھی بھی عشق کے معیار پر پورے نہیں اترے

مگر ایسا نہیں کرنا

ہمیں مجرم نہیں کہنا

کہ ہم کوہ مصائب پار کرنے سے کبھی منکر نہیں ٹھیرے

خدایا!!

ہم کو اب تیری گواہی کی ضرورت ہے ۔۔۔۔۔

ہمیں پھر سے تباہی کی ضرورت ہے

ٹوٹی تھی چونچ، اور تھا پیکر لہو لہو

۲۲ نومبر ۲۰۱۰

ٹوٹی تھی چونچ، اور تھا پیکر لہو لہو
پنجرے میں اک اسیر کا تھا سر لہو لہو

درپن ہی میرے آگے نہیں ٹوٹتے رہے
ہوتا رہا ہوں میں بھی برابر لہو لہو

پہلے خزاں کے وار نے گھائل کیا مجھے
پھر آئی مجھ کو دیکھنے صَرصَر لہو لہو

کیا احمریں سی شام تھی اپنے وداع کی
لگنے لگے تھے سارے ہی منظر لہو لہو

شب بھر جو تیرگی سے لڑا تھا پسِ فلک
آیا افق پہ لوٹ کے ہو کر لہو لہو

دیکھو کنارِ شام شفق کی یہ سرخیاں
ہونے لگا ہے جن سے سمندر لہو لہو

آ آ کے لوٹتی رہی اک یاد رات بھر
چپکی ہوئی ہیں دستکیں در پر لہو لہو

چلو گمان ہی سہی کچھ تو مان ہی ہوتا

۲ اکتوبر ۲۰۱۱

چلو گمان سہی کچھ تو مان ہی ہوتا

جو میرے سر پہ کوئی آسمان ہی ہوتا

میں بے امان رہا اپنے گھر میں رہ کر بھی

کوئی بھی ہوتا یہاں، بے امان ہی ہوتا

جہاں پہ بسنا تھا ہر ایک لامکانی کو
ضرور تھا کہ وہ میرا مکان ہی ہوتا؟

تو اختیار میں کچھ لفظ ہی عطا ہوتے!
دیا جو درد ہے مجھ سے بیان ہی ہوتا!

نہ رہتا فاصلہ گر مجھ میں اور زمانے میں
تو میرے اور مرے درمیان ہی ہوتا

گگن پہ کھینچ کے سورج کو لا کے رکھ دیتا
جو سرخیوں کا افق پر نشان ہی ہوتا

ضرور تھا کہ کمالِ بیاں عطا کرتے؟
ضرور تھا کہ مرا امتحان ہی ہوتا؟

نہیں گلہ کوئی یاآور پہ بحرِ غم میں کہیں
مرے سفینے پہ اک بادبان ہی ہوتا

اس پیڑ سے ہی لپٹے رہیں گے خزاں میں ہم

۱۲ جنوری ۲۰۱۸

حاصل ہو اس کا جو بھی، زیادہ کہ چاہے کم

اس پیڑ سے ہی لپٹے رہیں گے خزاں میں ہم

یہ تھاپ آنسوؤں کی چھما چھم، چھما چھم

سنتے ہیں ہم حیات کے نغموں کے زیر و بم

ہو جاتا وہ خمارِ مِلن ہم کو بھی بہم
ہاتھوں میں اک لکیر جو ایسے نہ ہوتی خم

کچھ بھی نہیں حیات، حقیقت میں کچھ نہیں
بس دم دما دم کا سنو گیت دمبدم

بن جائے اپنا کچھ بھی، نہ بن پائے بھی تو کیا
کچھ بھی نہیں کریں گے، کریں گے نہ کچھ بھی ہم

یہ گلستانِ شعر نہ بنجر کبھی ہوا
صد شکر نم ہے آنکھوں کی اس کو رہی بہم

میرے بزرگ دوست مرے میری جان ہیں
ماجدؔ ہوں آفتابؔ یا خاقانؔ یا عدمؔ

یاورؔ کی یہ غزل ہے سنی داد کچھ تو دیں
غالب سے بھی زیادہ ہیں گو آپ محترم

کرید نے تو سبھی آئے میرا آخری زخم

۶ فروری ۲۰۱۰ء

کرید نے تو سبھی آئے میرا آخری زخم

نہ کوئی آیا، کہ سہلائے میرا آخری زخم

لہو سی آنکھوں میں بجھ جائے کوئی جلتی شام

وہ شام، جس سے کہ بھر جائے میرا آخری زخم

نہ مندمل ہوا کوئی بھی زخم، یہ بھی نہ ہو
کہ پہلا داغ نہ بن جائے میرا آخری زخم

ہر ایک زخم ہی سرمایۂ حیات رہا
تو کیوں نہ دِل کو مرے بھائے میرا آخری زخم

پھر اس کے بعد ہو دائم حیات میرے لیے
خبر ہے کیا یہی کہلائے میرا آخری زخم

خزاں نہ جائے

۲۳ ستمبر ۱۹۹۳

ہزار راتوں کی بات چھوڑو

کہ ہم تو صدیوں سے اِک تصوّر کو جسم دینے کو رو رہے ہیں!

ہمارے دِل میں جو بے نہایت سی آرزو ہے

یہ جستجو ہے

جسے ابھی تک نجانے کتنی ہی حسرتیں ہیں

مگر وہ لمحہ!

کہ جب سبھی خواہشیں سنور کر،

بس ایک حسرت کے برف پیکر

میں ڈھل کے ماتم کا رنگ اوڑھیں!

تو ایک عالم پہ زنگ چھوڑیں!

بہار خوابوں کے گلستاں سے ہمیں بلائے!

خزاں نہ جائے!

درونِ گردشِ دوراں ٹھہر کے دیکھتے ہیں

احمد فراز کی نذر

۲۹ اکتوبر ۲۰۱۶

کسی سے ہو نہ سکا جو، وہ کر کے دیکھتے ہیں

درونِ گردشِ دوراں ٹھہر کے دیکھتے ہیں

پرندے میرے گلستاں کو ڈر کے دیکھتے ہیں

بُریدہ بازو وہ جب ہر شجر کے دیکھتے ہیں

یہ مدّ و جزر مرے دل کا تیری دید سے ہے
قمر کو جیسے سمندر بچھڑ کے دیکھتے ہیں

سنا ہے ایک جہاں رفتگاں کی منزل ہے
وہ چل بسا، تو اسے آؤ مر کے دیکھتے ہیں

حیات کیا ہے؟ پہر دو پہر کا میلہ ہے
تماشے آؤ پہر دو پہر کے دیکھتے ہیں

بسر کیا ہے ہمیں جس حیات نے اب تک
اسی حیات کو اب ہم بسر کے دیکھتے ہیں

نہ آسمان ملا ہم کو آنکھ بھر یاور
اسی لیے ہم اسے آنکھ بھر کے دیکھتے ہیں

کیا ہوا جو مہ و اختر کے برابر نہ اُڑا

۲۵ اگست ۲۰۰۹

کیا ہوا جو مہ و اختر کے برابر نہ اُڑا
وقت کی آندھی مجھے دُھول سمجھ کر نہ اُڑا

کیسے اُڑ پاؤں گا آئندہ کے طوفانوں میں
میں جو ماضی کے قفس سے کبھی باہر نہ اُڑا

چھوڑ دے کچھ تو بہاروں کی نشانی مجھ میں
اے خزاں رنگ مرے جسم کا یکسر نہ اُڑا

یہ برستی ہوئی بوندیں تو گھٹا کی دیکھو
کون کہتا ہے گگن میں کبھی ساگر نہ اُڑا

کس نے اُڑتے ہوئے ساگر کو فلک پر دیکھا
ایسی بے پر کی مری جاں، مرے یاور نہ اُڑا

روزن سے میرے آتی کوئی بھی کرن نہیں

۸ مئی ۲۰۰۹

جاتی اندھیر پن کی یہاں سے گھٹن نہیں
روزن سے میرے آتی کوئی بھی کرن نہیں

دِن بھر کی شورشوں کے دباؤ کے شور سے
شب کے لِباسِ حبس میں کوئی شکن نہیں

کیوں روشنی گروں کی زبانیں ہیں سوختہ
کیوں لَو کسی چراغ کی بھی سینہ زن نہیں

اندھے خلا کی کھائی میں گرتا ہی جاؤں مَیں
پیروں تلے زمیں نہیں سر پر گگن نہیں

اک نغمہ خامشی کا بنی جائے زندگی
اک رقص ہے کہ جس میں کوئی چھن چھن نہیں

یاوٓر ہی بس ہے عاجز و ناچیز و خاکسار
ورنہ یہاں پہ کون خدائے سُخن نہیں

تھامے کرن کو، گُود کے شب کے پہاڑ سے

۱۹ اگست ۲۰۰۹

تھامے کرن کو، گُود کے شب کے پہاڑ سے
توڑو گگن کہ چاندنی ٹپکے دراڑ سے

پھر تیرگی زمین پہ جھانکے پئے شکار
چندا کی اوٹ سے کبھی تاروں کی باڑ سے

اوڑھیں زمیں نے شب کے اندھیروں کی چادریں
ویراں ہوئیں فضائیں تو رستے اُجاڑ سے

کب روشنی ہے روشنی گر تیری نہ ہو
ہر نظم کا وجود ہے قائم بگاڑ سے

ظلمت کدے میں شب کے سحر آکے مڑ گئی
چپکی ہوئی ہیں دستکیں اب تک کواڑ سے

وصلِ سحر بلائے گا یاآور کبھی مجھے
جھانکے گا آفتاب شعاعوں کی آڑ سے

بالشتیے

۳ اکتوبر ۲۰۰۹

کرسیوں پر

میز کے چاروں طرف

بیٹھے ہوئے بالشتیے

سگریٹیں سلگائے

اپنی عینکوں کے

میلگجے شیشوں سے

اِک دُوجے کو تکتے

چائے کی چینک سے

کپ میں چُسکیاں بھرتے ہوئے

اور چھلکتی چائے کپ سے چاٹ کر

ڈونگرے برسا رہے ہیں داد کے اک بات پر

اور زیرِ لب، سرگوشیوں میں گالیاں بھی بڑبڑاتے جا رہے ہیں

اِن کے اک اک حرف، اک اک بات میں ایقان ہے

۔۔۔۔۔ اور اک اندھا اعتماد

جیسے دُنیاؤں کے خالق نے

انہی کے مشورے سے

زندگی ترتیب دی

گالیوں کے، داد کے اور قہقہوں کے دور میں

چائے کے کپ میں اٹھے طوفاں کے بڑھتے شور میں

لے کے اپنے ہاتھوں میں عدسے مقعّر،

پنڈلیوں سے بانس باندھے

اپنا اپنا قد چھپا کر

سب کی پَستہ قامتی کو ماپتے باشِتے

اونچی آوازوں میں پورے زور سے

بات ہر اک دوسرے کی کاٹتے باشِتے

چائے کے کپ چاٹتے باشِتے

ہالہ قمر کے گرد جو تھا، تنگ تر ہوا

۸ دسمبر ۲۰۰۸

پاؤں میں تنگ حلقہ ذرا تنگ تر ہوا
ہالہ قمر کے گرد جو تھا، تنگ تر ہوا

سب وسعتیں لکھی گئیں اس کے نصیب میں
ہر ایک تنگ رستہ مرا تنگ تر ہوا

ٹوٹا ستارہ اور ہزاروں میں بٹ گیا
سمٹے ہوئے گگن کا خلا تنگ تَر ہوا

پاؤں میں اپنے حلقۂ زنجیر دیکھ کر
دم اور گھٹ گیا ہے گلا تنگ تَر ہوا

لمحہ بہ لمحہ بڑھتی گئی گردشِ دُروں
لیکن مدار مجھ کو عطا تنگ تَر ہوا

کھلتی گئیں جہات کئی میری راہ میں
جوں جوں ہر ایک رستہ مرا تنگ تَر ہوا

پھر اُس کے بعد کہیں جا کے سو گئی وہ شام

۷ مارچ ۲۰۱۷

اندھیرے پہلے تو گلشن میں بو گئی وہ شام
پھر اُس کے بعد کہیں جا کے سو گئی وہ شام

وہ اس کے ہونٹ، وہ رخسار اور وہ چہرہ
نظر سے محو ہوئے اور کھو گئی وہ شام

وہ جس میں سُرخی رُو، تیری سُرخی رُو تھی
نجانے کون گلستان کو گئی وہ شام

طلوع روز ہی ہوتا تھا، پھر نہیں لوٹا
نجانے کیوں مرا سورج ڈبو گئی وہ شام

انہیں گزار کے کچھ ساعتوں کے دھاگے سے
فلک پہ کیسے ستارے پرو گئی وہ شام

ہر ایک پل ہے مجھے یاد ہمرہی کا تری
حسابِ عمر سے پھر کیسے کھو گئی وہ شام

کشید کر کے شفق میری آنکھوں سے کل شب
بہ سقفِ یاد کہیں ثبت ہو گئی وہ شام

گئے، گئے، جو سے لوٹ کب سکے یاور
"گئی وہ شام" یہ کہتے رہو!! "گئی وہ شام"

وہم کی کالی گھٹا نظروں سے ہٹتی ہی نہیں

عزیز دوست عرفان ستّار کی نذر

۳ اگست ۲۰۰۹

وہم کی کالی گھٹا نظروں سے ہٹتی ہی نہیں
دُھند ایسی دِل پہ چھائی ہے کہ چھٹتی ہی نہیں

آنکھ بھر ہی آسماں ہے دِل کی دُنیا کا مگر
اتنی وسعت ہے کہ نظروں میں سمٹتی ہی نہیں

ہے دلِ عابد کی ہر اٹھتی صدا میں انتشار
جائے گنبد میں نظر کے تو پلٹتی ہی نہیں

صبح کے ہر در سے اژدرِ یاس کا لپٹا ملے
رات اس مارِ سیہ کے ساتھ کٹتی ہی نہیں

مَیں لڑھکتا ہی چلوں کون و مکاں کی کھائی میں
ایسی گردش شش جہت کی ہے کہ گھٹتی ہی نہیں

مَیں ہوں یاوَر اپنی فطرت میں اُجالوں کا سفیر
دھول مجھ سے دشتِ ظلمت کی لپٹتی ہی نہیں

ہر کھلے در سے خوف آتا ہے

۲۶ جنوری ۲۰۱۷

ایسے منظر سے خوف آتا ہے
ہر کھلے در سے خوف آتا ہے

جس پہ ممکن نہیں کوئی گردش
ایسے محور سے خوف آتا ہے

آئینے سے ورا، جو ہے موجود
اس کے پیکر سے خوف آتا ہے

صبح تارا ازل کا ہے جھوٹا
اس پیمبر سے خوف آتا ہے

میرے صیاد تجھ کو پنجرے کے
ایک بے پر سے خوف آتا ہے

یہ زمانہ ہے وہ دلیر جسے
مجھ سے لاغر سے خوف آتا ہے

جب ہے تقدیر پر یقیں تو پھر
کیوں مقدر سے خوف آتا ہے

خوف کی انتہا ہے یہ یاور
اپنے اندر سے خوف آتا ہے

گلشنِ شعر کی ہریالی کو دھوتی ہے نمی

یکم جولائی ۲۰۰۹

گلشنِ شعر کی ہریالی کو دھوتی ہے نمی
آنکھ جب ذہن کے صحراؤں میں بوتی ہے نمی

اک توازن ہے جو ہر طور ہی قائم رکھے
خشک ساگر جو کرے، چرخ بھگوتی ہے نمی

منعکس نور ہر اک کونے میں کرتی جائے
رنگ اور روشنی کا آئنہ ہوتی ہے نمی

دن تمازت سے انھیں کتنا ہی تڑخا ڈالے
رات پھر ان کے شاخوں میں پروتی ہے نمی

ابر آئے تو بہار آئے نئے پھول کھلیں
خوب یوں زندگی ہر کونے میں ڈھوتی ہے نمی

کچھ تعلّق تو اُداسی کا ہے برساتوں سے
دِل جو بھر آئے تو ہمراہی میں روتی ہے نمی

کیسے صحرا میں یہ امیّد کے گل کھل اٹھے
دِل کے بنجر میں کہیں چپکے سے سوتی ہے نمی

خوف

۲۸ دسمبر ۲۰۱۵

اچانک، ہی جھٹکے سے

میرے بدن کی ہر اک پور میں جیسے کہرام اٹھا

کچھ ایسا لگا

جیسے میں اک گڑھے میں کفن اوڑھ کر سو رہا تھا

مگر دھیرے دھیرے پھسلنے لگا ہوں ۔۔۔

میں گرنے لگا ہوں

میں گرتا چلا جا رہا ہوں

میں گرتا ہی

گرتا ہی

گرتا چلا جا رہا ہوں

میں گرتے ہوئے اور تیزی سے گرتا چلا جا رہا ہوں

مرے ہاتھ شل ہیں

مرے پاؤں؟

وہ تو یہ سمجھو کہ ہیں ہی نہیں ہیں

مرے بازوؤں میں ذرا دم نہیں ہے

بدن سن ہے،

اور کانوں میں سائیں سائیں

اور اک خوف سا ہے

جو خوں بن کے میری رگوں میں رواں ہے

توازن بھی گویا کوئی چیز ہو گی؟؟

کہاں ہے؟

اور اک کالا سایہ مرے پیچھے پیچھے گرا آ رہا ہے
اور اس کالے سائے کے چہرے پہ آنکھیں
بٹن جیسی آنکھیں
مجھے گھورتی ہیں

اور اس کا دَہَن ....
اس کا خونی دَہَن
چیختا آ رہا ہے

مرے جسم میں، میری پوروں میں جتنی بھی طاقت بچی ہے
اسے جمع کر کے
میں کوشش میں ہوں ۔ چیخ ماروں ۔۔

میں اس کالے سائے کو جو میرے سر چڑھ گیا ہے
اتاروں ۔۔
مگر میری آواز ہی گم ہوئی ہے

اچانک کسی کھائی سے ٹن ٹن ٹن ٹن کی بہت تیز آواز
کانوں تو کیا
روح تک چھید کرنے لگی ہے

میں کیا دیکھتا ہوں

میں بستر پہ

چادر کو مضبوطی سے تھام کر

پیٹ کے بل پڑا

ٹن ٹنن ٹن سے بجتے الارم کو دیکھے چلا جا رہا ہوں

گرا جا رہا ہوں

وزن تو تھوڑا سا ہی اب جسم کی اس سیل میں ہے

مرزا غالب کی نذر

۲۶ اگست ۲۰۱۶

روح سے پوچھو کہ آخر کون سی مشکل میں ہے؟
وزن تو تھوڑا سا ہی اب جسم کی اس سیل میں ہے

پیتا جائے، پیتا ہی جائے ہے ہر اک لہر کو
تشنگی ہی تشنگی لیکن لبِ ساحل میں ہے

تیری یادوں کا خزینہ دل میں ہے رکھا ہوا
اور اک مارِ سیہ بیٹھا ہوا اس بِل میں ہے

آنسوؤں سے چیر لیں گے آئی جب کوئی کرن
اک دھنک رنگوں بھری اپنے بھی مستقبل میں ہے

ایک مرکز، ایک میں اور عمر بھر کی گردشیں
فاصلہ اک مستقل راہی میں اور منزل میں ہے

لغو ہے لفظوں کا فن، لیکن ہم اس کا کیا کریں
''یہ جو اک لذّت ہماری سعئ بے حاصل میں ہے''

چاندنی بجھ گئی، چاند جانے کہاں کھو گیا

۹ جنوری ۲۰۱۳

چاندنی بجھ گئی، چاند جانے کہاں کھو گیا
اک دیا تھا یہاں اے زمانے کہاں کھو گیا

کون کہتا ہے تیری کہانی مکمل ہوئی؟
ذکر میرا بتا اے فسانے کہاں کھو گیا

ڈھونڈنے کو تو نکلا تھا گم گشتہ منزل کو میں

مجھ سے میرا پتہ ہی نجانے کہاں کھو گیا

یا خدا! میں تو تھا ہی سراسر گماں کا گماں

وہ جو نکلا تھا مجھ کو گنوانے کہاں کھو گیا

نیند رکھی تھی پلکوں پہ جانے کہاں گم ہوئی

خواب رکھا تھا اپنے سرہانے کہاں کھو گیا

بارشوں، سایوں پہ جیسے کہ اجارا تھا مرا

۱۵ جولائی ۲۰۱۴

نام مڑ مڑ کے بھلا کس نے پکارا تھا مرا؟
کس کو اس طرح بکھر جانا گوارا تھا مرا؟

نقش کس طور سے اور کس نے ابھارا تھا مرا
ہاتھ کب میرے تھے؟ بس چاک پہ گارا تھا مرا

وہ جو بھرا سا سمندر تھا۔۔۔ کنارہ تھا مرا
جس میں سب ڈوب گئے وہ تو نظارا تھا مرا

دھوپ میں جلتا پرندہ مجھے یوں دیکھتا تھا
بارشوں، سایوں پہ جیسے کہ اجارا تھا مرا

وہ لہو جیسے سمندر میں اترتا سورج
شام نے گویا کوئی عکس اتارا تھا مرا

کسی امید کی امید ہی اک دن ہو گی
اسی امید پہ پوچھو تو گزارا تھا مرا

پہلے ہاتھوں سے لکیریں مٹیں رفتہ رفتہ
کل جو پھر ٹوٹ گرا پل میں، ستارہ تھا مرا

تھا نشہ سارا زیاں میں مرا یاآور ماجد
فائدہ کوئی بھی ہو، اس میں خسارہ تھا مرا

ٹوٹ چکا کب کا، بکھر کیوں نہیں جاتا

ندا فاضلی کی نذر

۶ ستمبر ۲۰۱۴

خورشید کبھی راہِ دگر کیوں نہیں جاتا

جس سمت سے آتا ہے ادھر کیوں نہیں جاتا

میں سیدھے کسی راستے پر کیوں نہیں جاتا

اب کیسے بتاؤں میں سدھر کیوں نہیں جاتا

آوارگی! آوارگی! آوارگی! بتلا!
میں لوٹ کے آخر کبھی گھر کیوں نہیں جاتا

میں دھوپ میں جھلسا ہی چلا جاؤں گماں کی
اب ابرِ یقیں مجھ پہ ٹھہر کیوں نہیں جاتا

اک عمر جسے یاد کے چہرے سے ہے کھُرچا
آخر وہ مرے دل سے اتر کیوں نہیں جاتا

اے عکس مری یاد کی جھیلوں پہ پڑے عکس
تُو ٹوٹ چکا کب کا، بکھر کیوں نہیں جاتا

جب ہم سفری کا کوئی امکاں ہی نہیں ہے
تُو اپنی تو میں اپنی ڈگر کیوں نہیں جاتا

اے دشمنِ جاں چھوڑ بھی اب! جا بھی کہیں! مر!
تو بیتا ہوا پل ہے گزر کیوں نہیں جاتا

مشکل ہو اگر حد سے زیادہ تو ہو آساں
بکھرا ہوں میں اتنا تو سنور کیوں نہیں جاتا

وہ چاند ہے اور سامنے موجود ہے میرے
پھر بحرِ تخیل کا بھنور کیوں نہیں جاتا

بے بسی

۲۰ اکتوبر ۲۰۱۱

ہوا چلتی ہے

گرتے پات گہرے پانیوں میں

ناؤ کے جیسے کہیں ہجرت کو جاتے ہیں

شجر نوحے سناتے ہیں

ہوا دھیرے سے چلتی ہے

ستارے ٹمٹماتے ہیں

کہیں سے چاند کا پرتو

کہیں سے روشنی کی لو

کبھی پانی پہ پڑتی ہے

تو گویا آسماں کی جھلملاتی بے بدل تصویر بنتی ہے

مگر جب بھی کوئی پتا ہوا میں اڑتے اڑتے

پانیوں میں گر کے اپنی آخری ہجرت پہ جاتا ہے

تو سارے عکس بھی گویا فلک سے گر کے آئینے کے جیسے ٹوٹ جاتے ہیں

کنارے پر کھڑا جگنو

اداسی سے

خموشی سے

یہ سب کچھ دیکھتا جاتا ہے

کر کچھ بھی نہیں سکتا

افق میں ڈوبتا سورج لگا اداس نہیں

یکم اگست ۲۰۱۲

افق میں ڈوبتا سورج لگا اداس نہیں

یہ کیا کہ قائم و دائم مرے حواس نہیں؟

میں زرد گرد سی پیلاہٹوں کا عکس سہی

خزاں کی اوڑھنی لیکن مرا لباس نہیں

وہ چہچہاتا پرندہ تو کر گیا ہجرت
مگر وداع سے اس کے کوئی اداس نہیں

یقین اور گماں سب حواس کے دھوکے
میں ہوں بھی یا کہ نہیں ہوں کوئی قیاس نہیں

مجھے بہت ہے مری اپنی ذات کا صحرا
تو بحر ہے کہ ہے دریا۔۔۔ مجھی کو پیاس نہیں

ملا وہ اشک جو بہنے ہی میں نہیں آیا
ملا وہ درد کہ جس کا کوئی نکاس نہیں

اساسِ عزت و تکریم ہیں حوالے یہاں
اور اپنا ایک حوالہ بھی میرے پاس نہیں

میں عکس ہوں کہ نہیں جس کا کوئی بھی موجود
میں آسمان ہوں میری کوئی اساس نہیں

یاور جی کی بات نہ پوچھو یاور دیوانہ ہے جی

ابنِ انشاء کی نذر

۸ دسمبر ۲۰۱۲

یاور جی کی بات نہ پوچھو یاور دیوانہ ہے جی
دن کو ہنستا گاتا ہے اور راتوں کو روتا ہے جی

ہم تو تنہا ہی رہتے تھے، تنہا ہی رہنا ہے جی
جاؤ تم بھی چھوڑ کے ہم کو، ہم نے کب روکا ہے جی

یاد کی راکھ کے ڈھیر میں دیکھو پھر شعلہ بھڑکا ہے جی
ہاں پھر شعلہ بھڑکا ہے پھر دل اپنا جھلسا ہے جی

چھوڑو ایسی باتیں، ان باتوں میں کیا رکھا ہے جی
کیا سیدھا ہے، کیا الٹا ہے، سب الٹا سیدھا ہے جی

آپ تو بس اک پتھر ٹھہرے، آپ کا اس میں دوش ہی کیا؟
ہم نے آپ کو خود ہی تراشا اور خود ہی پوجا ہے جی

ہم پر بھی لو چلتی ہے ہم پر بھی آگ برستی ہے
ہم جیسوں کا بھی تو آخر ایک خدا ہوتا ہے جی

اک لڑکا تھا، اک بوڑھے کو آئینوں میں دیکھتا تھا
اب وہ لڑکا خود بوڑھا ہے اور بے حد بوڑھا ہے جی

ہائے سخن ور کیسا تھا وہ، ویسے شعر سنائے کون
یاؤر ویسا کیسے لکھے، یاؤر کب انشا ہے جی؟

کوئی اِن دیکھا گُماں اس میں مکیں رہتا ہے

۲۳ اپریل ۲۰۱۷

دل کو ہر لمحہ یہی ایک یقیں رہتا ہے
کوئی اِن دیکھا گُماں اس میں مکیں رہتا ہے

خوش نظر آؤں کسی وقت تو حیرت کیسی؟
چاند بھی کونسا ہر وقت مُبیں رہتا ہے؟

ساتھ تم ہو بھی تو قربت ہے کہاں اپنا نصیب
دوریوں کا ہی اک احساس، قریں رہتا ہے

دل کی دیواروں سے باہر نہ اُسے ڈھونڈو تم
وہ جو اک دشمنِ جاں ہے، وہ یہیں رہتا ہے

بانٹتا رہتا ہے ہر وقت ہی خوشیاں یاوآر
اور اک خود ہے کہ ہر لمحہ حزیں رہتا ہے

وقت بھی ایسے زخموں کا مرہم نئیں ہوتا

والدِ محترم جناب ماجد صدیقی کی نذر

۱۹ مارچ ۲۰۱۶

تیرے زخمِ جدائی کا غم کم نئیں ہوتا
وقت بھی ایسے زخموں کا مرہم نئیں ہوتا

تیری رفاقت بھی کچھ لمحوں ہی کی نکلی
گگن سے چاند کا ساتھ بھی تو پیہم نئیں ہوتا

مجھ کو دکھ دینے پر اک آسیب لگا ہے
اور وہ اک آسیب کبھی بے دم نئیں ہوتا

ہنسنا، کھا کر زخم تو میری فطرت میں ہے
تم یہ سمجھتے ہو مجھ کو کوئی غم نئیں ہوتا

سینہ پیٹو، چیخو، دھاڑو، شور مچاؤ
یوں چپ بیٹھ کے رونے سے ماتم نئیں ہوتا

کبھی ادھیڑی قبائے درد کی، کبھی سی ہے

۲۸ جولائی ۲۰۱۹

کبھی ادھیڑی قبا درد کی، کبھی سی ہے

کچھ اس طرح ہی بسر ساری زندگی کی ہے

حسین رنگ لئے ظلمتوں میں مٹ جانا

کہانی صرف مری کب ہے؟ شام کی بھی ہے

یہی تو اکمل و کامل بناتی جائے اسے
تمہارے حسن میں جو اک ذرا کمی سی ہے

یہ ایک فرق بہت ہی بڑا ہے، گر سمجھو
فلک ہے اشک بہاتا، زمین پیتی ہے

پھر آج پوچھنے کو آ گئے ہو، پھر سن لو
وہی جو حالتِ دل کل مری ہوئی تھی، ہے

سرائے دل میں خوشی ٹھیری، غم بھی ٹھیرے مگر
رہی مدام یہاں جو، وہ بے دلی ہی ہے

زندگانی! زندگانی اور ہے

مرزا غالب کی نذر

۱۹ اپریل ۲۰۰۹

زندگانی! زندگانی اور ہے

رائیگانی! رائیگانی اور ہے

2 Mark Loebach's painting - Beautiful Beasts

خوش گماں! اے خوش گماں! اے خوش گماں!
بول!! کتنی خوش گمانی اور ہے؟

ایک ہی پل اور تیرا ساتھ ہے
ایک ہی پل جاودانی اور ہے

ناگہاں یہ زندگی ہی کم تھی کیا؟
مرگ بھی کیا ناگہانی اور ہے؟

جس کو اپنی منزلوں کی ہو خبر
ایسے دریا کی روانی اور ہے

شاعری میری فقط ہذیاں سہی
کب کہا میں نے کہ معنی اور ہے؟

ہیں سخن ور اور بھی یاور مگر
تیری یہ شعلہ بیانی اور ہے

ازل سے جاری بس اک ہی سفر کو دیکھتے ہیں

۹ اپریل ۲۰۱۶

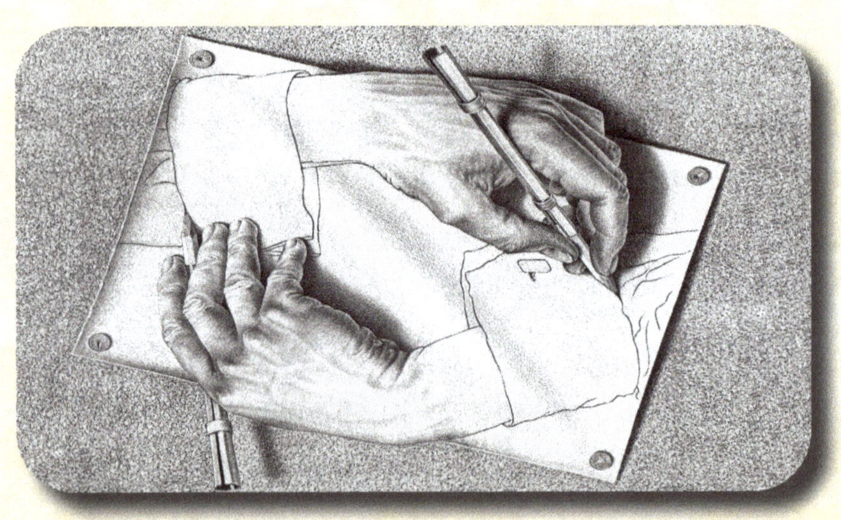

جہاں سے گزریں کبھی ہم، جدھر کو دیکھتے ہیں
ازل سے جاری بس اک ہی سفر کو دیکھتے ہیں

نہیں ہے اپنا ہی عجز ہنر نظر میں جب
تو لوگ کیوں مرے دستِ ہنر کو دیکھتے ہیں؟

وہ منزلوں پہ نظر رکھتے ہیں، مگر ہم لوگ
پڑاؤ کر کے فقط رہگزر کو دیکھتے ہیں

وداع کہہ کے پرندے شجر سے جب جائیں
ہر ایک پیڑ پہ ہم اپنے گھر کو دیکھتے ہیں

مذاقِ طبع کو، سننے کو پنچھیوں کی پکار
جلا کے گھونسلے، آؤ شجر کو دیکھتے ہیں

شفق سے بہتا لہو دیکھتے ہیں جب پنچھی
تو کیوں گلے سے وہ مجھ بے ضرر کو دیکھتے ہیں؟

آج کا نقاد

۸ جون ۲۰۱۶

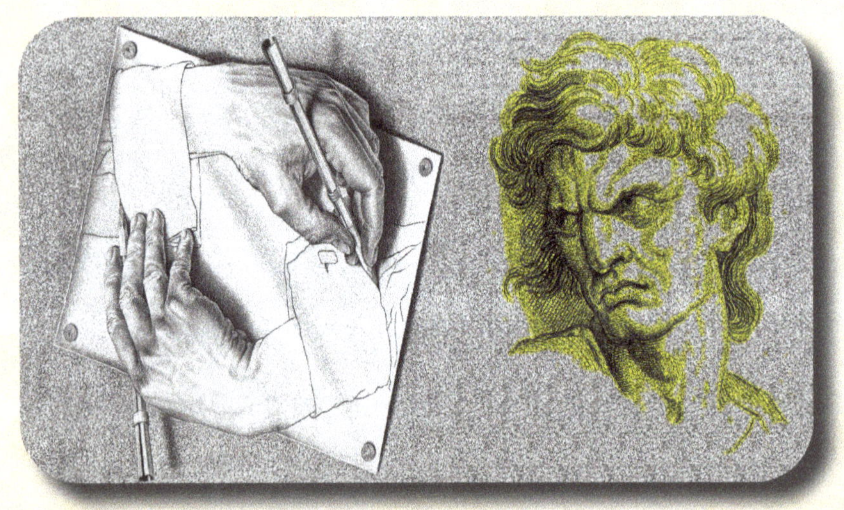

یہ کیا ہے؟

کوئی سبزی ہے؟ خود کو کہتی ہے پھل؟

کیا کہا؟ ۔۔۔سیب ہے؟

آؤ اس کو ذرا اپنی تنقید کی بھٹی میں ڈال کر دیکھ لیں

ذرا دیکھتے ہیں یہ پھل ہے یا سبزی یا آلو کہ پیاز

بڑے رنگ ہیں واہ۔۔
لیکن ہر اک مستند پھل تو پیلا ہی دیکھا ہے
مثلاً دسہری، یا چونسہ، یا سندھڑی

یہ سبزی، یا بوٹی یا جو شے بھی ہے، گول ہے ۔۔۔
مستند پھل مگر بیضوی ہوتے ہیں
کیا دسہری یا سندھڑی کبھی گول دیکھے گئے؟

کاٹ کر دیکھتے ہیں کہ اندر ہے کیا
اس میں تو کوئی گٹھلی نہیں، اس میں تو ڈھیر سے بیج ہیں
اور بیجوں پہ داڑھی نہیں
جیسے چونسہ، دسہری یا سندھڑی کی گٹھلی پہ نورانی داڑھی بھلی لگتی ہے
اس کے بیجوں میں یہ اک کمی لگتی ہے

اب بھی یہ سیب کہتا ہے پھل ہے؟؟
سنو بھائی! سچ پوچھو تو میری تنقید میں اس کو پھل کہنا جائز نہیں۔
یہ ابھی ارتقا کے مراحل میں ہے
گو کہ مستقبل اس کا خوش آئند ہے

لگائی پرندوں نے چوپال ہے

۳۱ دسمبر ۲۰۱۱

سحر کی نکلنے لگی فال ہے
لگائی پرندوں نے چوپال ہے

دسمبر کا دن آخری آ گیا
پڑا آج لمحوں کا پھر کال ہے

وہی جو کہ توڑا تھا پچھلے برس
وہی عہد میرا پھر اس سال ہے

وہی جو کہ تھا حال پچھلے برس
وہی حال اپنا پھر اس سال ہے

نئی کونپلیں پھر سے کھلنے لگیں
اترنے لگی پیڑ سے چھال ہے

نیا زہر پھر سے بنائے گا یہ
اترنے لگی سانپ کی کھال ہے

لپیٹے چلے اک بھنور میں مجھے
مرے سامنے یہ جو گھڑیال ہے

چلا شب کی بانہوں میں خورشید تو
ہوا شرم سے کس قدر لال ہے

تنہائیوں کی رات میں پلتا ہوا سکُوت

۲۰ اگست ۲۰۰۹

تنہائیوں کی رات میں پلتا ہوا سکُوت
لمحوں کو اوڑھے پہلو بدلتا ہوا سکُوت

دن بھر کی شورشوں کی دُرشتی کو توڑ کر
غازہ گگن کے گال پہ ملتا ہوا سکُوت

پھر چُپ خزاں کی رات میں پتوں کے شور سے
کانوں کے پاس آن کے ٹلتا ہوا سکُوت

ان برف باریوں میں ہواؤں کی سائیں سائیں
دِل کے فلک پہ جمتا پگھلتا ہوا سکُوت

طوفاں کے بعد اُجڑتی نکھرتی سیاہ رات
لمحہ بہ لمحہ گرتا سنبھلتا ہوا سکُوت

ویراں کھنڈر میں روح سی ماتم کُناں کوئی
دِل کے اُجاڑ گھر میں ٹہلتا ہوا سکُوت

شعر و سُخن کا شور بھی یاوَر ہوا عذاب
لاؤ صدا کے پھول مسلتا ہوا سکُوت

وہی سحر ہے

۲۴ مئی ۲۰۱۸

یہی سحر تھی
یہی پرندے،
انہی درختوں
پہ بیٹھے نغمے۔۔سنا رہے تھے
یہی وہ دُھن تھی

جو گار ہے تھے
صبا سے اٹھکیلیوں میں مصروف
نرم پتے مری ہی غزلیں سنا رہے تھے

وہی سحر ہے

وہی پرندے
انہی درختوں پہ بیٹھے
کل والی دھن ابھی بھی سنا رہے ہیں
وہی شجر ہیں
وہی ہیں پتے
وہی ہیں اٹھکیلیاں صبا کی

مگر!!

یہ سب کچھ ہی کل کی صبح سے مختلف ہے
کہ آج تیری حسین دھڑکن کا ایک نغمہ
مری سماعت پہ منکشف ہے

راہ میں کون ہوا کس سے جدا، کیا معلوم

۳۱ دسمبر ۲۰۱۳

راہ میں کون ہوا کس سے جدا، کیا معلوم
کیا خبر، کون جیا کون مرا، کیا معلوم

اتنا تو یاد ہے اک جاں تھی کئی قالب تھے
کس نے پھر کس سے کیا کس کو جدا، کیا معلوم

جانے وہ دشت تھا، صحرا تھا کہ گلشن میرا
اب بھی واں چلتی ہے کیا بادِ صبا؟ کیا معلوم

شب ڈھلی اور نہ پھر آئی سحر ہی مڑ کر
وقت سے ہو گئی کیسی یہ خطا، کیا معلوم

بارہا دل سے یہ پوچھا کہ ہوئی کیا دھڑکن
بارہا دل سے یہی آئی صدا، کیا معلوم

غم کے تپتے ہوئے صحراؤں میں تھا آبِ حیات
کیسے گم ہو گیا وہ اشک مرا، کیا معلوم

خیر ہے شر کہ ہے شر خیر بھلا کس کو خبر
کیا کہیں کیسی جزا، کیسی سزا، کیا معلوم

کرچیاں جوڑتے اک عمر ہوئی ہے مجھ کو
مجھ میں کیا ٹوٹ گیا میرے سوا، کیا معلوم

داستاں دل کی سنانے کو کبھی یاآورنے
نظم لکھی یا کوئی شعر کہا؟ کیا معلوم

پڑاؤ تھا جہاں اپنا وہ گھر ہی ٹوٹ گئے

۸ دسمبر ۲۰۰۹

پڑاؤ تھا جہاں اپنا وہ گھر ہی ٹوٹ گئے
وہ آندھیاں اُڑیں سارے شجر ہی ٹوٹ گئے

پسِ خموشیٔ لب دِل میں تھے کئی طوفاں
نہ آئے ساحلوں تک، بحر پر ہی ٹوٹ گئے

تو زورِ بازو سے کرنی شکایتیں کیسی
جب اپنے تیر و سنان و تبر ہی ٹوٹ گئے

معانی شعر میں ہم جوڑ بھی نہ پائے تھے
کہ سارے لفظوں کے زیرو زبر ہی ٹوٹ گئے

ابھی تو حوصلہ اُڑنے کا تھا مگر یاآور
نظر میں آئی جو منزل تو پر ہی ٹوٹ گئے

پیغام ۔۱

صائمہ کے لیے

۲۸ اگست ۱۹۹۹

اسے کہنا.....

کہ پھر سے گلستاں میں

بہار آنے لگی ہے.....

اسے کہنا.....
کہ برسوں سے اِس اُجڑے آشیاں میں
صبا نے جھانک کر دیکھا،
چٹکنے لگ پڑے غنچے

اسے کہنا۔۔
کہ پھر سے راہ پیما ہیں نگاہیں
اور اِک اقرار کو ترسی ہوئی آنکھیں
تصور میں اسی کو۔۔۔۔
بس اسی کو دیکھتی ہیں

پیغام - ۲

صائمہ کے لیے

۱۱ جون ۲۰۰۰

پلکوں پر چنچل چنچل سپنے آ جاتے ہیں
جب آکاش پہ کالے کالے بادل چھاتے ہیں
سپنوں کی بارش میں ترا آنچل لہراتا ہے
اور بادل کی اوٹ میں چندا بھی شرماتا ہے

دل کے آنگن میں جب آ کر پنچھی گاتے ہیں
تیری میٹھی یاد کے سارے سُر بندھ جاتے ہیں

شام ڈھلے جب شہر کنارے سورج سوتا ہے
اک جادُو سا شہر طرب میں سب پر ہوتا ہے
اور مرا دل تنہا تنہا بیٹھا روتا ہے

دیکھنا دل میں خوشی آئی، کوئی غم تو نہیں؟

۳۰ اپریل ۲۰۱۴

درد کے پھولوں کا آیا ابھی موسم تو نہیں
دیکھنا دل میں خوشی آئی، کوئی غم تو نہیں؟

ایڑیاں رگڑی ہیں اور داد طلب پھرتا ہوں
اشک ہی پھوٹے ہیں اس سے، کوئی زمزم تو نہیں!

یہ جو سب وعدۂ جنّت پہ مرے جاتے ہیں
زندگی کا یہی اک پہلو جہنم تو نہیں

دن ہوا قتل، لہُو کتنا اُفق میں اترا
جو مری آنکھوں میں اترا ہے مگر، کم تو نہیں

یہ ملن تیرا تو اب جان مری لینے لگا
جس کو تریاق سمجھ بیٹھا تھا میں، سَم تو نہیں؟

دل کا یہ درد کہ بڑھتا ہی چلا جاتا ہے
کونسا ہے یہ مہینہ؟ یہ مُحرّم تو نہیں

میرا بن باس تو لوگوں میں ہی رہنا ٹھہرا
میں کہ بس پیکرِ اخلاص ہوں، گو تم تو نہیں

ہم کو اچھا نہیں لگتا کوئی تم کو دیکھے

۴ مئی ۲۰۱۸

ہم کو اچھا نہیں لگتا کوئی تم کو دیکھے

گرچہ دنیا کا یہ حق ہے ابھی تم کو دیکھے

دیکھنا ہے تو وہ دیکھے تمہیں سر تا بہ قدم

ورنہ کیا دیکھنا گر سرسری تم کو دیکھے

تم ہو اک چاند، میں اک جگنو، تمہیں کیا معلوم
کتنی حسرت سے مری روشنی تم کو دیکھے

جس نے دیکھی نہیں برسات میں پانی کی ہنسی
اس کا تو حق ہے کہ وہ آئے۔۔ کبھی تم کو دیکھے

تم ہوئی جاتی ہو معدوم کسی زندگی میں
اور اک زندگی! اک زندگی۔۔ تم کو دیکھے

دیکھ کے تم کو پرندے ہیں سناتے نغمے
کیا ہو یاور کی اگر شاعری!! تم کو دیکھے

تسلسل

میرے پیارے دوست، بزرگ، اور استاد ڈاکٹر باسط حسین کی ایک انگریزی نظم کا اردو ترجمہ

یکم نومبر ۱۹۹۸

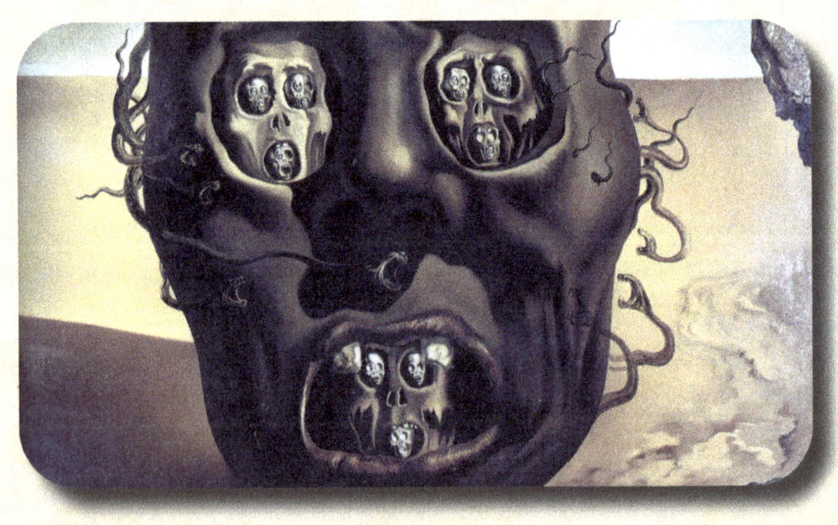

زخمی آوازیں، وہی الفاظ دہرائے ہوئے
پھر وہی سوچوں کے گھاؤ، شور زخمائے ہوئے
مسخ کر دیتے ہیں انساں کا شعور!

رحمت یزداں ملے جو انتہائے شوق سے
جگمگا اٹھتی ہے قسمت بن کے نورِ کوہِ طور
تتلیاں خوابوں کی، مٹھی میں اگر آ جائیں تو
رنگ پھیلیں سوچ کے روزن سے آتی دھوپ میں

لیکن ایسی انتہائے شوق بھی،
دسترس نا دسترس کے درد سے
دِل کو تڑپاتی رہے

سلسلے ٹوٹیں تو پھر کب جڑ سکیں
جاتے پنچھی کب گھروں کو مڑ سکیں
یاد کا قفس مگر زندہ رہے
آگ میں جل کر ملے پھر زِندگی
خاک میں مل کر جلے پھر زِندگی

منجمد ہو جائیں سب برفیلے طوفانوں کے بیچ
اور لمحے میں بدل جائے کبھی سارا سماں

فرطِ قحطِ نم کبھی جنگل کے جنگل دے اجاڑ
اور کبھی بارش نہ تھم پائے اجڑ جائے جہاں!
وقت کی چکّی میں زندہ بے یقینی ہی رہے
یہ تسلسل خواب کا جاری رہے

رَدِّ بلا بھی تجھ کو ملے ہر بلا کے ساتھ

۷ دسمبر ۲۰۱۹

رَدِّ بلا بھی تجھ کو ملے ہر بلا کے ساتھ
لگ جائے تجھ کو آگ بھی میری دعا کے ساتھ

کوئی جہت جہت نہ کوئی سمت جس کی سمت
اس سمت میں بھی چلتا رہا ہوں خدا کے ساتھ

جتنی بہارِ سبز کی میں نے ہے کی طلب
اتنے ہی زرد پتے ہیں آئے ہوا کے ساتھ

اک خوابِ کرب، خوابِ بلا چھوڑتا نہیں
آئے کوئی پری بھی کبھی اس بلا کے ساتھ

ممکن ہی ہو نہ سکتا تھا اس کا کوئی دوام
ہوتی نہ گر فنا بھی ہماری بقا کے ساتھ

عجزِ نظر سے بڑھ کے اسے اور کیا کہوں؟
اک عالمِ وجود بھی دیکھوں خلا کے ساتھ

آئیں گی خوشبوئیں بھی، بہاریں بھی لوٹ کر
صرصر اگر نہ لوٹ کے آئی صبا کے ساتھ

یاوَر مرے ہی سر پہ ہے اڑتا رہا ہمیش
آیا مگر نہ سائہ کوئی اس ہما کے ساتھ

میں رختِ دل میں وجود کے سب فشار باندھے

۲۰ ستمبر ۲۰۰۹

میں رختِ دل میں وجود کے سب فشار باندھے

چلا ہوں پاؤں میں عمر بھر کے غبار باندھے

نہیں سے ہاں سے کبھی تعلق نہ ٹوٹ پایا

ہیں عہد خود سے ہزار توڑے، ہزار باندھے

دھنک بہاروں کی گلستاں میں جو آ نہ پائی
تو ابر کرنوں پہ پل پڑے ہیں، حصار باندھے

تبسمِ گُل بھی دل کا غنچہ نہ کھول پایا
تو اور کتنا حسین منظر، بہار باندھے؟

جنون دل کا، نہ جستجو ہے نظر کی باقی
یہ بار سر سے میں نے کب کے اتار باندھے

فلک پہ جائے نماز افق کی بچھا کے، ۔۔ دیکھو
نکل پڑے ہیں پرند سارے قطار باندھے

جنم جنم سے میں اس جنوں کی تلاش میں ہوں
جو ہوش نظروں کا توڑ دے جو، خمار باندھے

یہ سب تو ہونا ہی تھا

جون ایلیا کی نذر

۲۶ مئی ۲۰۱۱

میں بھٹکا، بھُولا ہی تھا
یہ سب تو ہونا ہی تھا

میں بھٹکا بھُولا ہی سہی
پر کیا وہ رستہ ہی تھا؟

ہم سے دوست سلوک ترا
کیا کہتے!۔۔۔ اچھا ہی تھا

یہ جو پل گزرا ہے ابھی
کیا گزرا پورا ہی تھا؟

توڑ دیا کس نے اس کو؟
غنچہ ابھی چٹخا ہی تھا

اتنا وزن تھا پھولوں کا
ڈال نے تو جھکنا ہی تھا

دردِ دل! اے دردِ عزیز!
تو کیا درد مرا ہی تھا؟

جو بھی اس نے ہم کو دیا
واپس تو لینا ہی تھا

روشنیاں کب تک رہتیں
سورج تھا! ڈھلنا ہی تھا

ڈوبتے سورج سے میرا
روز کا سمجھوتا ہی تھا

کرتا تھا میں خود پہ ستم
اور کرتا بے جا ہی تھا

ہر اک رستہ تھا صحرا!!
صحرا تھا!!! صحرا ہی تھا

آنکھوں میں کب تک رہتا
آنسو تھا، گرنا ہی تھا

یہ جو آخری آنسو گرا
یوں سمجھو، پہلا ہی تھا

یاور جیسے کتنے ہیں
جون مگر یکتا ہی تھا

ان سروں کی، دھیمے دھیمے خامہ فرسائی کرو

۲۶ جنوری ۲۰۱۰

یہ صریرِ خامہ تو ہر ساز سے ہے ماورا
ان سروں کی، دھیمے دھیمے خامہ فرسائی کرو

شوق تھا آئینہ بننے کا اگر یاور تو پھر
سامنا۔۔ ہر وقت اب بدصورتوں کا بھی کرو

اِک ویران سڑک

۲۷ اکتوبر ۲۰۱۵

یہ ویراں چپ چاپ سڑک جس سمت چلی ہے

کیا معلوم اس رستے پر

اس ویراں سنساں رستے پر

کیسی کیسی پتاؤں کے نقش گھڑے ہیں

اس پر جو پتے ہیں سارے زرد پڑے ہیں

کیا معلوم ان سوکھی سوکھی شاخوں پر
کتنے پرندے اڑتے تھے
اور کتنے گلہری رہتے تھے

جانے ایسے تنہا رستوں پر چلنے کا کیا حاصل ہے
اس ویراں چپ چاپ سڑک کی
جانے کون سی منزل ہے

پتا پتا شجر سے لپٹا ہے

محترم خاقان خاور کی نذر

۲۲ دسمبر ۲۰۱۶

پتا پتا شجر سے لپٹا ہے
کون اس راستے سے گزرا ہے؟

آسماں بھی سراب ہی نکلا
بحر میں آب ہے کہ صحرا ہے

جانے کب اندمال ہو اس کا
دیکھنے میں تو زخم گہرا ہے

کوئی تو ہے جو کائنات مری
بے سبب روز و شب گھماتا ہے

آسماں کے توے پہ اک سورج
روز آتا ہے روز جلتا ہے

چاند جوبن پہ جب بھی آ جائے
ناؤ میری ہی کیوں ڈوبتا ہے؟

وقت ہے اژدھا کوئی شاید
کینچلی روز اک بدلتا ہے

صبح دم ٹہنیوں پہ شبنم کے
روز موتی کوئی پروتا ہے

روز جب آفتاب ڈھل جائے
دل مرا جانے کیوں مچلتا ہے

میں نے جو سوچا، جو کہا، ہے برا
تم نے جو بھی کہا وہ اچھا ہے

پیڑ وہ ہی رہے ہرا ہر دم
روز جو دھوپ میں جھلستا ہے

بھر لو آنکھوں میں اب افق یاور
اس سے آگے تو بس اندھیرا ہے

دل کی نیّا میں جو لگی ہے آگ
اچھی لگتی ہے، کیوں بجھاتا ہے؟

میں نہ دیکھوں تو ہے ادھورا سا
وہ فلک پر جو ایک تارا ہے

کوئی دستک سنائی دی ہے مجھے
دیکھنا کون در پہ آیا ہے

اس طرح اضطرار سے آخر
کون میرے سوا بہلتا ہے؟

لا کے چھوڑیں گی ہی بہار یہاں
شور چڑیوں نے یوں مچایا ہے

مٹ نہ پائیں گی اس کی ریکھائیں
اس طرح کا ہے، ہاتھ ملتا ہے؟

خواب میں روز آ کے اک پنچھی
رات پچھلے پہر جگاتا ہے

یاد کی گلیوں میں کوئی راہی
کبھی گرتا، کبھی سنبھلتا ہے

ہر طور ہر لحاظ سے ہی مرگِ ہست ہو

محترم آفتاب اقبال شمیم کی نذر

۲۰ اگست ۲۰۰۹

ہر طور ہر لحاظ سے ہی مرگِ ہست ہو
ہو وہ شکستِ خواب یا خوابِ شکست ہو

لاؤ گگن سے چاندنی جیسی کوئی شراب
پی کر جسے یہ راندۂ ظلمات مست ہو

کرتے ہو ہر پہر ہی شب و روز کا طواف
تم وقت کے پجاری ہو، لمحہ پرست ہو

آؤ ناں پھر سے یاد کی گلیوں کی سیر کو
بارش کی کوئی شب ہو مہینہ اگست ہو

خالی اگر ہے جیب تو افسوس کچھ نہیں
اک سانحہ ہے دِل بھی اگر تنگ دست ہو

یاآور کہیں یہ اُن کھلے گل مجھ سے بار بار
قوسِ قزح کے آنے کا کچھ بندوبست ہو

یہاں سے شہر کو دیکھو

یکم ستمبر ۱۹۹۳

فضا میں گرد ہے اور آسماں پر زرد چادر ہے

صدا اندر صدا اک خوف بستا ہے

تخیل در تخیل سہم سے سمٹی ہوئی سوچیں

حرارت کا حوالہ ڈھونڈنے کو ہر شکم کی آگ رقصاں ہے

سمندر سے اٹھے طوفان ساحل بستیوں کو کھا رہے ہیں
ہوا کے سنسنانے کی صدا کا ساز بھی نوحے سنانے لگ پڑا ہے

ہوس اور حرص کی بڑھتی نمی نے ہر نجس پیکرِ نفس کو
جو یہ زنگ آلود سا اِک رنگ بخشا ہے
وہ ہر چہرے سے ظاہر ہے!

مرے پنچھی!
تمہارے ان پروں پر یہ سفیدی دودھ جیسی ہے
اسے میلا نہ ہونے دو!
کہیں خوشبوؤں میں بستے گلابی گلستاں کی راہ کو جاؤ

خدا کے دہر کو دیکھو!
نہ تم اس شہر کو دیکھو!

مجھے بے شک انھی محدود دنیاؤں میں رہنا ہے

محترم آفتاب اقبال شمیم کی نذر

۱۱ اگست ۲۰۰۹

مجھے بے شک انھی محدود دنیاؤں میں رہنا ہے

مگر یہ ایک چکّر جو مرے پاؤں میں رہنا ہے

سکوتِ بحر کو جب تک نہ پا جائیں مسافت میں

عجب بے چینیوں کا شور دریاؤں میں رہنا ہے

کڑی دھوپوں کا سہنا، لُو میں جلنا بھی ضروری ہے
شجر وہ کیا پھلیں پھولیں جنہیں چھاؤں میں رہنا ہے

کڑکتی دھوپ ساری خود مجھے سہنی ہے سینے پر
بھلا برگد نے بھی بولو کبھی چھاؤں میں رہنا ہے

جو تنہا چھوڑ کر خود کو زمانے کے ہوئے ہم تو
لیے اک اجنبی صورت، شناساؤں میں رہنا ہے

لمحوں کی آبشار

۴ فروری ۲۰۱۲

میں کب جانتا تھا کہ ساعت کی دھڑکن اٹل ہے،

یہ لمحہ ابھی جو گزرنے کو ہے

جانے کب کا گزر بھی چکا اور،

گزر بھی رہا ہے

نجانے یہ کتنے زمانوں میں جاکر کہیں ختم ہوگا۔۔

خبر کیا کہ لمحوں کی یہ آبشار،

آبشارِ بقا ہے،

فنا ہے، کہ کیا ہے؟

یہ لمحہ جو جانے کہاں سے مرے قدموں میں آپڑا ہے

مجھے کیا خبر اس کے پاتال میں کیا گڑا ہے

خبر کیا یہیں سے مجھے خود تلک آپہنچنے کا رستہ ملے؟

چاند تیری روشنی تیری نہیں

۲۶ اکتوبر ۲۰۱۴

فکر کیا کرتا ہے تو آئندہ کی؟
جب حیاتِ رفتنی تیری نہیں

خود کو ننگا حرصِ شہرت میں کیا
پھر بھی حالت دیدنی تیری نہیں

جا اتار اب جسم کی یہ کینچلی!
روح کی یہ اوڑھنی تیری نہیں

دوسروں سے کیا نبھا پائے گا تو
اپنی تک خود سے بنی تیری نہیں

تیر بھی تیرا کماں بھی ہے تری
تیر پر لیکن انی! تیری نہیں

تو بھی سرقہ باز نکلا! ہائے ہائے
چاند تیری روشنی تیری نہیں

غصے میں یاور نہ کر تو شاعری
لہجے کی یہ سنسنی تیری نہیں

اُتار پھینکا جو مَیں نے انا کا، آن کا وزن

۲۴ جون ۲۰۰۹

اتار پھینکا جو مَیں نے انا کا، آن کا وزن

اُتر گیا مرے کندھوں سے دو جہان کا وزن

بہت ہے ثقلِ زمیں اور میرے پر نازک

سنبھال پائیں گے کیسے مری اُڑان کا وزن

گزاری عمر ہے خدشوں کی دُھول میں دب کر
پنپ نہ پایا یقیں اِتنا تھا گمان کا وزن

گھٹن سے کیسے نہ برسیں، زمین پر بادل
اُٹھائے بیٹھے ہیں اِتنا جو آسمان کا وزن

یہ دیکھو کونوں سے کچھ گھاس آ گئی باہر
نمودِ زندگی روکے گا کیا چٹان کا وزن

شکار شعر کے پنچھی کا کیا کروں یاآور
کہ میرے تیر سے کم ہے مری کمان کا وزن

حدودبندی

۱۵ اگست ۱۹۹۳

تمھارا کہنا تھا

یوں نہ ہو گا

کہ تم بھی آخر سبھی کے مانند اسی روش پر نکل پڑو گے

کہ جس پہ چلتے تمام دنیا کی عمر بیتی

جو اک ندی تھی

وہ ایک دریا میں ضم ہوئی ہے
تمھاری پہچان گم گئی ہے

تمھارا کہنا تھا

تم ہو خوشبو!
اِک ایسی خوشبو جو تا قیامت ہوا کے کندھوں پہ
اور انا کے گھنے گھیرے سے گلستانوں میں ہی رہے گی

کہو ناں!

تم ہی تو کہہ رہے تھے
کہ کوئی سمجھوتا تم کبھی بھی نہیں کرو گے!
مگر ہوا کے بس اِک تھپیڑے سے
اور زمانے کے اِک طمانچے سے تھک گئے ہو!

تم اپنی محفل سے آخرِ شب سرک گئے ہو!
نئے مکاں کی حدود بندی قبول کر لو!

آنکھوں سے اک زماں سے پانی برس رہا ہے

۳۰ مئی ۲۰۱۷

آنکھوں سے اک زماں سے پانی برس رہا ہے
اک ابرِ جاوداں سے پانی برس رہا ہے

قدرت بھی رو پڑی ہے، اس رخنہ سائباں پر
خوں ہے کہ آسماں سے پانی برس رہا ہے؟

پہلے تو ایک کونے سے چھت ٹپک رہی تھی
اور اب کہاں کہاں سے پانی برس رہا ہے

بادل نہیں نظر میں اور ہو رہی ہے بارش
شاید کہ لامکاں سے پانی برس رہا ہے

ان پختہ بستیوں میں سبزہ اُگے گا اک دن
شاید اسی گماں سے، پانی برس رہا ہے

بادل ہیں اور فلک پر قوسِ قزح نہیں ہے
سو چشم ضو فشاں سے پانی برس رہا ہے

اک ابر تھا جو کب سے، بن برسے جا چکا تھا
اب ابر کے گماں سے پانی برس رہا ہے

وہ آنسوؤں کی بارش تو تھم چکی تھی یآور
پر جانے اب کہاں سے پانی برس رہا ہے

خود سے ہی اپنی ہم سری کب تک؟

۲۶ اکتوبر ۲۰۱۴

اتنا   احساسِ   کمتری   کب   تک
خود   سے   ہی   اپنی   ہم   سری   کب   تک

چپ   خزاؤں   میں   ٹوٹے   پتوں   کی
مرتی   آواز   گونجتی   کب   تک

بے رخی کا نہیں ہے کوئی گلہ
پر یہ نظروں کی ایک رخی کب تک

درد کا پل ہے یا ہے ایک صدی
اور گزرے گی یہ صدی کب تک

کوئی دریا تو آئے رستے میں
بہتی جائے گی یہ ندی کب تک

اب تو چند ایک سانس باقی ہیں
اور وہ چند ایک بھی کب تک

مدرسے میں سخن کے سب استاد
ایک یاآور ہی مبتدی!! کب تک؟

ممتا کے نام

والدہ محترمہ خالدہ ماجد کے نام

۲۵ جولائی ۲۰۱۶

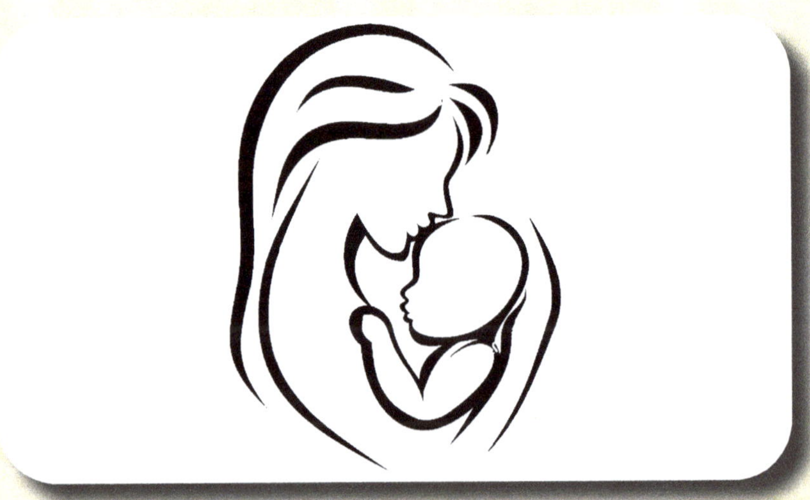

ان گنت بار ایسا ہوا

درد کا کوئی جھونکا مجھے اپنے قدموں کی جاگیر سے

عاق ساکر گیا

گرتے گرتے مجھے اک حسیں لمس نے اپنے ہاتھوں میں لے کر

بڑے پیار سے

تھام کر

چوم کر

اپنی آغوش میں لے لیا

ہو گئی آج کی بھی شام تمام

۲۷ نومبر ۲۰۱۱

پھر نہ ہو پایا کوئی کام تمام
ہو گئی آج کی بھی شام تمام

تشنگی کو مٹاتے مٹ گئے ہم
تشنگی کو ملا دوام تمام

وائے نسیاں! میں خود کو بھول گیا
کر کے آیا تھا اہتمام تمام

ناتمامی تمام عمر رہی
زندگی اپنی ناتمام، تمام

گو ادھوری تھی داستانِ سفر
ہوتی آئی ہے گام گام تمام

ناتمامی کی زندگی ساری
کام کیا کرتے تشنہ کام تمام

ہم سے اس عمرِ خام نے یاآور
لے کے چھوڑا ہے انتقام تمام

ملی ہے فرط میں یا اور تری کمی مجھ کو

۱۸ دسمبر ۲۰۱۴

یہ ایک رنج تو رہنا ہے لازمی مجھ کو
ملی ہے فرط میں یا اور تری کمی مجھ کو

دعا یہی ہے مری زندگی کے صحرا میں
ہرا ہمیشہ رکھے آنکھ کی نمی مجھ کو

یہ خود سے جنگ تو گویا مری سرشت میں ہے
عدو کی ورنہ کہاں تھی کوئی کمی مجھ کو

ہمیشگی یہ ترے ہجر کی بتاتی ہے
خوشی ملے گی کبھی کوئی دائمی مجھ کو

مرے خیال کے روزن میں بیٹھی اک کوئل
سناتی رہتی ہے دُھن ایک ماتمی مجھ کو

عجیب شخص ہے یاآور کہے ہے صر صر سے
کبھی عطا ہو سحر کوئی شبنمی مجھ کو

پتھر بدن، صبا کی ادا کاٹتی رہی

۱۹ اکتوبر ۱۹۹۵

مجھ کو مرے چمن کی فضا کاٹتی رہی

پتھر بدن، صبا کی ادا کاٹتی رہی

عُمر اُداس صدیوں سے کیا کاٹتی رہی

پیہم سفر، سفر سے سوا کاٹتی رہی

اظہار کے جنوں نے نہ جینے کبھی دیا
اک پھانس تھی الگ، جو گلا کاٹتی رہی

آنسو نے میرے کتنے گگن رنگ سے بھرے
اک بوند ہر کرن کا گلا کاٹتی رہی

صدیوں سے میَں نہ کاٹ سکا عمرِ ناتمام
اِک پل کی عمر مُجھ کو سدا کاٹتی رہی

تکمیل کی طلب نے ادھورا کیا مجھے
لکھا ہر ایک شعر مرا کاٹتی رہی

دُورِ دل سے خدا نہیں ہوتا

۴ ستمبر ۱۹۹۰

چاہیے گر، تو کیا نہیں ہوتا

دُور دِل سے خدا نہیں ہوتا

کیسے بتلاؤں تجھ کو بن مرکز

دائرہ دائرہ نہیں ہوتا

دن کو تیری خبر نہیں ہوتی
رات میرا پتا نہیں ہوتا

سب ہیں لپٹے ہزار پردوں میں
درِ پہچان وا نہیں ہوتا

کیا اٹھا پائے گا وہ مے کا مزا
جس نے غم تک پیا نہیں ہوتا

یا الٰہی ترا کرم آخر
سب پہ کیوں ایک سا نہیں ہوتا

دشت تنہائی کا سفر یاور
ختم تیرے سوا نہیں ہوتا

کیا جبر کی سنائیں تو کیا اختیار کی

پیاری باجی فرزانہ عاصم کے نام

۳۱ مئی ۱۹۹۶

کیا جبر کی سنائیں تو کیا اختیار کی
ہر بار ہم نے اپنی سی کوشش ہزار کی

تھی ہم سفر بس ایک ہی میری تمام عمر
چبھتی رہی ہے پاؤں میں جو نوک، خار کی

عمریں گزار بیٹھا ہوں دیتے ہوئے حساب
خواہش رُپہلے پیار کی جو سنگسار کی

شعر و سُخن کی وادی کا آوارہ میں ہرن
مجھ کو ہے سنگلاخ یہ رہ روزگار کی

بادل دھوئیں کے، چیخیں، تڑپتوں کی سسکیاں
شہر اماں میں کاہے کو پھیلی انار کی

دیکھے جہاں خزاں میں اُدھڑتے ہوئے درخت
میں نے بھی اپنی گدڑی وہیں تار تار کی

مقروض زندگی تھی کبھی اِن کے نام کی
ہر سانس اب تو لیتے ہیں یاوّر ادھار کی

دیکھ اے دِل

مجید امجد کی ایک نظم سے متاثر ہو کر

۲۳ جولائی ۱۹۹۱

دیکھ اے دِل!

زندگی کے آئینہ خانے میں جتنے عکس ہیں

سب ہی محو رقص ہیں!

اور تو مایوسیوں کے بحر میں کیوں غرق ہے

دیکھ اے دِل!
چرخِ نیلی فام پر یہ رقص کرتی بدلیاں
کتنے ارمانوں کا رس چھلکا رہی ہیں
ٹولیاں چڑیوں کی اڑتی آ رہی ہیں

دور تک کوہِ تمنا پر ہرے اشجار ہیں
اور تجھ کو کس قدر آزار ہیں

بول اے نخچیرِ ظلمت!!
ہر طرف ہی نور ہے
تو بکھرتی روشنی سے دور ہے!
کس قدر مجبور ہے!!

جسم و جاں پر ہے دھوپ کا پہرا

۶ جون ۱۹۹۳

جسم و جاں پر ہے دھوپ کا پہرا

اور کپڑوں کا رنگ بھی گہرا

اس کے چہرے کے نور کا دیدار

دائرہ بن کے آنکھ میں ٹھہرا

اور اک یاد ہم سے روٹھ گئی
اور اک زخم ہو گیا گہرا

موت پر احتجاج کر کوئی!
رسیاں توڑ، بادباں لہرا

ساحلوں پر تھیں سیپیاں یا اور
اور تم چھانتے رہے صحرا

مَیں ہوں تنہا، مرا خدا، تنہا

مجید امجد کی نذر

۳ جنوری ۱۹۹۱

سب کی دنیا سے ماورا، تنہا
مَیں ہوں تنہا، مرا خدا، تنہا

ساتھ اس کے ہجوم چل نکلے
جو بھی رستوں پہ چل پڑا تنہا

نوعِ ہر نسل مر گئی آخر
وقت رستوں پہ رہ گیا تنہا

اپنی تنہائیوں کی محفل میں
مجھ کو جو بھی ملا، ملا تنہا

گردِ اس کو نہ ڈھانپ دے یاور
دِل مرا ایک آئینہ تنہا

آوارگی

اپنی پھولوں جیسی کومل باجی منزہ ماجد کے نام

۱۹ اکتوبر ۱۹۹۰

بس ایک نقطہ

بس ایک محور

بس ایک گردِش

غُلام پیکر،

اُداس عالم میں شش جہت پر محیط دھڑکن

بس ایک مرکز
اور ایک مرکز گریز قوت.....

غلام گردش کبھی جو چھوٹے
حصارِ خواہش کبھی جو ٹوٹے
تلاشِ منزل جو پر سمیٹے
تو سائے محور کے بڑھتے بڑھتے
نئے سرابوں کو ڈھونڈتے ہیں

وہ دیکھتے ہیں
اک اور گردش.....
اک اور مرکز.....
پھر ایک مرکز گریز قوت

ڈھل چلیں ساتھ ساتھ کمرے میں

۳ فروری ۱۹۹۳

ڈھل چلیں ساتھ ساتھ کمرے میں
شام، شب اور حیات کمرے میں

یک جہت ہیں تمام دنیائیں
ہیں مری شش جہات کمرے میں

اس مکاں سے مجھے ملا کیا ہے
چوٹ چھت پر، تو مات کمرے میں

اتنی تنہائیوں کی محفل تھی
کرتا کس کس سے بات کمرے میں

صرف تنہائی ہی نہیں ہے یہاں
اس سے بڑھ کر ہے بات کمرے میں

کچھ تغیر نہیں ملا باہر
اور نہ پایا ثبات کمرے میں

جسم میرا گلی گلی بکھرا
رہ گئی میری ذات کمرے میں

وقت سے کیا گلہ کروں یاور
دن ہے باہر، تو رات کمرے میں

شبِ گزشتہ کے زخم سی کے

۵ جون ۱۹۹۳

شبِ گزشتہ کے زخم سی کے
پھر آج بیٹھے ہیں زہر پی کے

ہمارے دِل کی جو رونقیں تھیں
وہ خواب کیسے تھے زِندگی کے

فضائے محفل! یہ کیا ستم ہے
نہ وہ ہمارا! نہ ہم کسی کے

ندامتوں کے یہ داغ دل پر
یہ وار احساسِ کمتری کے

نکل کے آنکھوں سے بس گئے ہیں
افق پہ سارے یہ رنگ پھیکے

گزشت آنچہ گزشت یا ور
اٹھاؤ نغمے کوئی خوشی کے

تمنّا

۲ فروری ۱۹۹۲

بھٹک چکا ہوں میں رستے سے بے خیالی میں
غزال جیسے کسی دشتِ خشک سالی میں

میں رہ کی دھول ہوں بس ٹھوکریں ہیں قسمت میں
مرے چمن میں خزاں کی رتیں ہیں قسمت میں

کٹھن سفر ہے تو تشنہ مری امیدیں ہیں
بس ایک سر ہے مقابل کئی چٹانیں ہیں

بھٹک چکا ہوں مرا ہر قدم ہے بے معنی
مجھ ایسے رند پہ تیرا کرم ہے بے معنی

اس اپنے سائے کو مجھ پر سمٹنے سے روکو
ہُما!۔۔۔ مجھے نہ تمنا کی آنکھ سے دیکھو

پاؤں میں آبلے لیے نکلا

۸ اگست ۱۹۹۲

پاؤں میں آبلے لیے نکلا
شہر کی سیر کے لیے نکلا

گھپ اندھیرا تھا اور اک جگنو
نور کے قافلے لیے نکلا

ڈھل گئی انتظار کی ظلمت
آج سورج کسے لیے نکلا

گھومتی کائنات میں یا اور
پاؤں کے دائرے لیے نکلا

خواہشوں کی ہوا سنبھلنے دے

یکم جون ۱۹۹۲

خواہشوں کی ہوا سنبھلنے دے
دشتِ حسرت مجھے نکلنے دے

یہ لکیریں ہی میری مجرم ہیں
اے گئے وقت ہاتھ ملنے دے

میری صحرا نوردیوں کا جنوں
میرے ہمراہ لُو میں جلنے دے

یوں نہ غنچوں کو توڑ شاخوں سے
خواہشوں کو دلوں میں پلنے دے

چند لمحوں کا ہے سفر یاآور
دو قدم مجھ کو ساتھ چلنے دے

یقین

یکم نومبر ۱۹۹۳ء

میں غرقِ مئے خواب رہا اور کئی غم
پلتے رہے آنگن میں پنپتے رہے پیہم

خواہش تھی اجالوں کی مگر تلخیِ حالات

دامن میں اتر آئی فقط رات! فقط رات

پروردۂ آغوشِ گماں ایک یقیں ہے

دنیا مرے ہر خواب کی دنیا میں کہیں ہے

جس قدر بھی فلک پہ تارے ہیں

اپنی پیاری بہن سعدیہ ندیم کی نذر

۱۲ اکتوبر ۱۹۹۵

جس قدر بھی فلک پہ تارے ہیں
ظلمتِ شب سے آج ہارے ہیں

رات کے ساتھ شہر پر بادل
کتنے گہرے ہیں کتنے کارے ہیں

چاند کا عکس جھیل میں دیکھوں
اس کے سب زاویئے ہی پیارے ہیں

گھر ہیں پتھر کے لوگ پتھر کے
شہر کے شہر سنگ پارے ہیں

ہجرتوں کا سفر ہے پھر درپیش
پھر پرندے نے پر پسارے ہیں

گزرتے موسم کی اِک سحر بھی

امریکہ ہجرت کرنے سے پہلے

یکم ستمبر ۱۹۹۹

گزرتے موسم کی اِک سحر بھی

نہ بھول پاؤں گا بھول کر بھی

نہیں اکیلے ہو تم سفر میں

فلک پہ دیکھو ہے اِک قمر بھی

پھریں گے آنکھوں کے آگے چہرے
تو یاد آئیں گے بام و در بھی

طویل ہوتا ہی جا رہا ہے
یہ جلتا صحرا بھی یہ سفر بھی

پھریں گے ہر سو مرے فسانے
ترے نگر بھی، مرے نگر بھی

جو مسکراہٹ بکھیرتے ہیں
وہ دِل میں رکھتے ہیں اِک شرر بھی

ترے ہی در پر ہمیش رہتا
جو ہوتی یاوَر پہ اِک نظر بھی

ہونٹوں پہ آتے آتے کئی بار رہ گئے

۲۱ فروری ۱۹۹۹

ہونٹوں پہ آتے آتے کئی بار رہ گئے
کتنے خیال تشنۂ اظہار رہ گئے

بے ساحلی بھی بحرِ جنوں کی عجیب ہے
ہوش و خرد کے نقش افق پار رہ گئے

گل چن کے لے گئے ہو تم اب کے بہار بھی
مجھ باغباں کے پاس فقط خار رہ گئے

تم خود سے ماورا ہوئے اپنی تلاش میں
اور ہم کہ خود سے برسر پیکار رہ گئے

توڑا جو آئنہ تو ہزاروں میں بٹ گیا
ہر عکس میں مگر ترے آثار رہ گئے

یاور جو شاعری کا بھنور چھوڑ کر چلا
کتنے ہی دائرے سر پرکار رہ گئے

اظہار

ایک تلخ یاد کے نام

یکم اگست ۱۹۹۹

میرے پہلو سے درد لپٹے ہیں
اور مری روح ہے بہ نوک خار
جس طرف جاؤں روک لے مجھ کو
ایک بے در، مہیب سی دیوار

دِل کے صحرا سے کر گئے ہجرت

خواب کے سب پرند افق کے پار

دِل کے ارمان ہیں سبھی گھائل

جاں بہ لب ہیں جو تشنۂ اظہار

''اے شہنشاہِ آسماں اورنگ

اے جہاندارِ آفتاب آثار''

تیری آزاد ان فضاؤں میں

گھٹ گئی روح خون میں ہے فشار

اے شہنشاہ، بانیِ تقدیر

اے جہاندار، مالک و مختار

گر تری ہو رضا جو تو چاہے

جلتے صحراؤں میں کھلیں گلزار

ہو نگاہِ کرم اِدھر بھی ایک

ہو عطا مجھ کو ایک تختۂ دار

راستے جب گلابوں سے ڈھک جائیں گے

٢ نومبر ١٩٩٣

راستے جب گلابوں سے ڈھک جائیں گے
ہم تمہیں ڈھونڈنے دور تک جائیں گے

پیش رو نسل کی دلبری کے لیے
زرد پتّے شجر سے سرک جائیں گے

ہم ہیں راہِ گُماں کے سفر پر رواں
راستہ مل گیا تو بھٹک جائیں گے

یوں نہ دیکھو ہمیں، یوں نہ دیکھو ہمیں
ہم بہک جائیں گے، ہم بہک جائیں گے

تم دلاسوں کے پتھر نہیں پھینکنا
درد کے دائرے دور تک جائیں گے

بولیں خاموشی کے گھیروں میں چٹختے پتے

۶ جون ۱۹۹۹

چار سُو چُپ کا سماں ہو کوئی آواز نہ ہو
بولیں خاموشی کے گھیروں میں چٹختے پتے

پھر سے گھنگھور سیہ رات، خزاں کا یہ سماں
پھر سے گلشن کے اندھیروں میں چٹختے پتے

تجھ سے تو اچھے ہیں اے شامِ بہارِ خاموش
سیر سرما کے سویروں میں چٹختے پتے

گُم ہوئیں شہر کی شورش میں صدائیں میری
دب گئے ڈھول کے ڈھیروں میں چٹختے پتے

اب کمی مجھ کو نہیں کوئی ہوئے ہم آواز
دِل کی تنہائی کے ڈھیروں میں چٹختے پتے

اپنے ہر شعر میں گوندھا ہے خزاں کو میَں نے
جاوداں زبروں میں زیروں میں چٹختے پتے

لے گئے توڑ کے پھل لوگ یہاں سے یاور
رہ گئے جھولتے بیروں میں چٹختے پتے

ایک بھیانک سپنا

(یہ نظم کب لکھی... کچھ یاد نہیں)

رات خواب میں دیکھا
لاش اک اٹھائے میں
جا رہا تھا دنیا سے
اور اس کے سینے پر
تشنہ سی، ادھوری سی
ایک نظم لکھی تھی

Point your camera at the QR code below and visit the site

Ghazal Sara Dot Org   https://www.ghazalsara.org

Bhalu Goshe Album ITunes   https://tinyurl.com/ye3tebw6

Bhalu Goshe Album Amazon   https://tinyurl.com/5t4tjkwz

Point your camera at the QR code below and visit the site

Bhalu Goshe Album Youtube   https://tinyurl.com/744dea5h

Facebook Fan Page   https://tinyurl.com/2sht8zj9

Youtube Poetry Channel   https://tinyurl.com/5bk272c3